家が買えない

高額化する住まい 商品化する暮らし

牧野知弘
Tomohiro Makino

ハヤカワ新書 037

編集協力／木下衛

はじめに

新築マンションの高騰《こうとう》が止まらない！　家を手に入れようとする多くの方々から悲鳴に近い声を聞き始めたのは、２０１７年ごろだった。当時、首都圏（１都３県）の新築マンションの平均価格は５９０８万円と、６０００万円の大台に近づきつつあった。都区内に限って言えば、この年には７０００万円台を超え、都心居住がブームとされながらも、新築マンションはもはや庶民の手には届かない「高嶺《たかね》の花」とまで称されるようになっていた。

それでも当時は、２０２０年開催予定だった東京五輪を境に、五輪によって潤っていた建設需要が一巡するうえに、都心の人口増も勢いが弱まるとの観測から、しばらくすれば価格は落ち着くのではないかと考えられていた。

しかし、この見立てははずれ、コロナ禍以降もさらに価格はジャンプアップ。２０２３年に都区内で供給された新築マンションの平均価格は、１億円をはるかに超える１億１４８３万円、㎡あたりの単価は１７２万７０００円と、気が遠くなるような数値を記録した。〈図表1〉

図表1　都区部新築マンションの価格推移

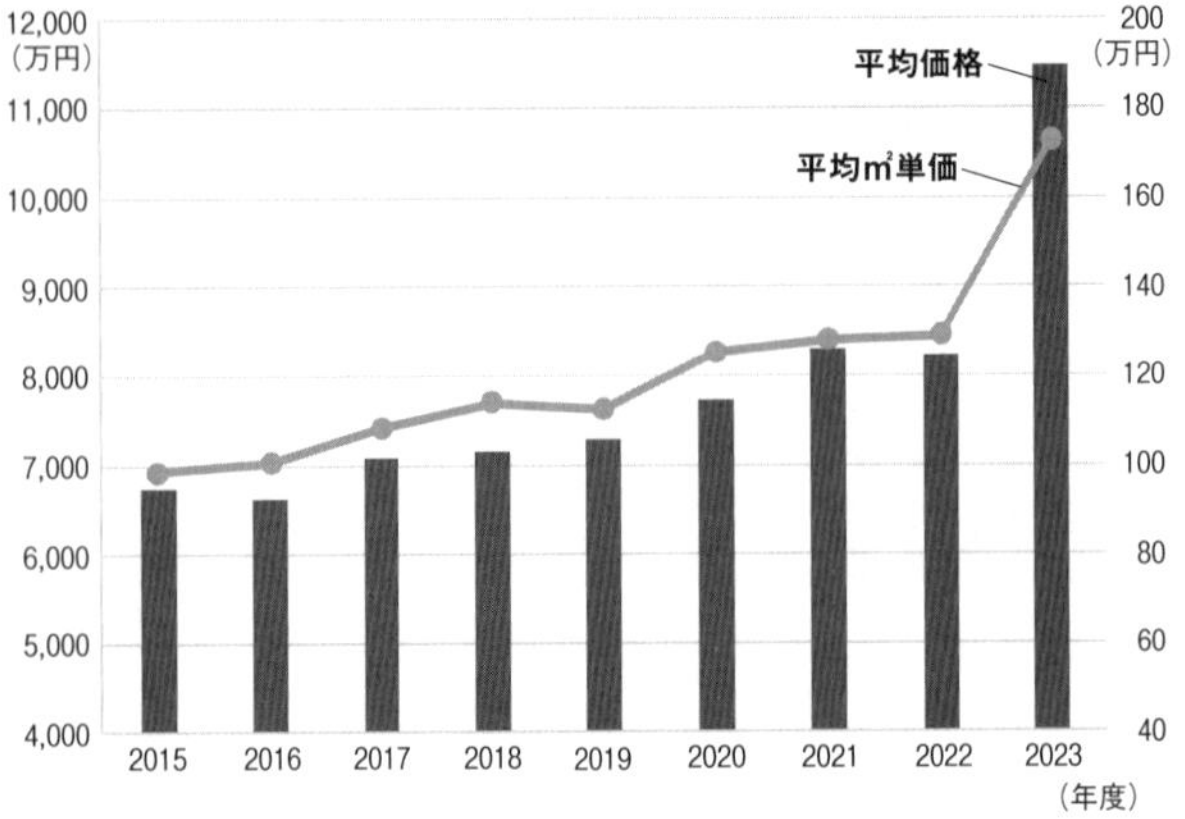

出典：不動産経済研究所「新築マンション市場動向」資料をもとに作成

不動産のなかでも特にマンション価格については、需要と供給のバランスを見立てることはそれほど難しくない。一般庶民が出せる財布の中身を考えれば、それに見合うマンションの供給価格はおのずと計算が立つからだ。

それに反して、これほどまでに価格が上昇するさまは通常では考えられない。いったい何が原因でこのような事態になっているのであろうか。

販売実績を、そして販売現場をつぶさに見てわかったことがある。新築マンションが売り買いされる場に、一般庶民の姿が見つからないのである。詳しくは本書でも触れていくが、これまでマンションを買っていた主役が明らかに交替している。

こうしたありさまの一端を拙著『なぜマン

ションは高騰しているのか』（祥伝社新書／2024年）で著したところ、多くの反響をいただいた。「もはや大手デベロッパーは一般庶民を相手に商売をしていない」というメッセージには、多くの方々から「なるほどそうだったのか」といった感想をいただいた。

一方で、この書を刊行していろいろな人たちの感想や意見を聞いているうちに、こうした時代の流れが行きつく先にいったい何が待っているのだろう、という複雑な疑念がもたげ始めた。

都心部では、三井不動産の東京ミッドタウン八重洲や森ビルの麻布台ヒルズがそびえ立ち、湾岸部を中心にタワーマンションの建設ラッシュが続く。2025年から2030年にかけて、都心ではさらなる数の超高層オフィスとタワマンが林立する。

それらの建物の顔を見れば、ほぼすべてが同じような顔をしていることに気づくだろう。超高層オフィスのほとんどは、ガラスカーテンウォールの青々とした顔をしている。タワマンは鉄骨造でひょろひょろと細長く、ベランダのない能面のような顔だ。

それに対して、郊外ニュータウンではすでに住民の高齢化率が40％を超え、オールドタウンと化している街も珍しくなくなった。高齢化・過疎化にともなって、全国各地で「空き家」の問題も深刻化している。

私たち日本人はこれまで、みんなが東京に集まるから東京に来る。みんなが「都心居住はいいよ」と言うので都心でマンションを買う。「タワマンは儲かる」と言われれば、タワマンをどうしても手に入れたくなる。あたかも誰かがタクトを振ると見事に呼応して、自らの生活スタイルを合わせてきたように見える。一方で、自分たちが住む街について深く考えることをしてこなかったのではないだろうか。

画一化された街で、商品化された暮らしをひたすら追い求めてきた日本人は今一度、足を止めて周りをよく見ることだ。これまでの軌跡と未来を見つめ直すときが来ている。世の中が変われば、これまで信奉していた価値観だって必ず変わっていくのだ。これまではあたりまえとされてきたステレオタイプな日常が永遠に続くことは、現実の社会では決してない。

本書では、社会のインフラである「不動産」と、我々が住む、働く、遊ぶ、憩《いこ》う場である「街」に焦点を当て、新たな街の在り方と、そこに生きる私たちの生きざまについて考えていく。よろしくお付き合いいただきたい。

2024年10月
牧野知弘

目次

第三章——負動産化する郊外住宅

第六章——一代限りで終わるマイホームの宿命

第九章――あなたが住むべき街に相場はない

第一部

買えなくなる家　増え続ける空き家

第一章――価格高騰の裏で進む街の二極化現象

大都市圏だけでなく地方都市でも進む地価の高騰

２０１４年以降、三大都市（東京、大阪、名古屋）を中心に地価は上昇を続けている。国土交通省が発表する公示地価によれば、三大都市の地価はコロナ禍の影響が出た２０２１年を除き、２０１４年から住宅地、商業地ともに着実に上昇軌道にあり、２０２４年には、住宅地で東京都区部５・４％、大阪３・７％、名古屋４・５％、商業地で東京都区部７・０％、大阪９・４％、名古屋６・０％と、いずれも前年を大きく上回る上昇率を示している。

また人口減少が叫ばれるなかで、地方は衰退の一途という構図で考えられがちだが、最近は札幌、仙台、広島、福岡のいわゆる地方四市にも人口が集中し、その結果として地価が上昇する傾向が顕著になっている。２０２４年における地方四市の地価は前年比で、住宅地で７・０％、商業地で９・２％と、いずれも三大都市をも凌駕《りょうが》する高い上昇率となっている。

〈図表２／３〉

地価や不動産価格の高騰は、東京を中心にセンセーショナルに報じられるため、地方を代

図表２　住宅地公示地価推移（対前年比）

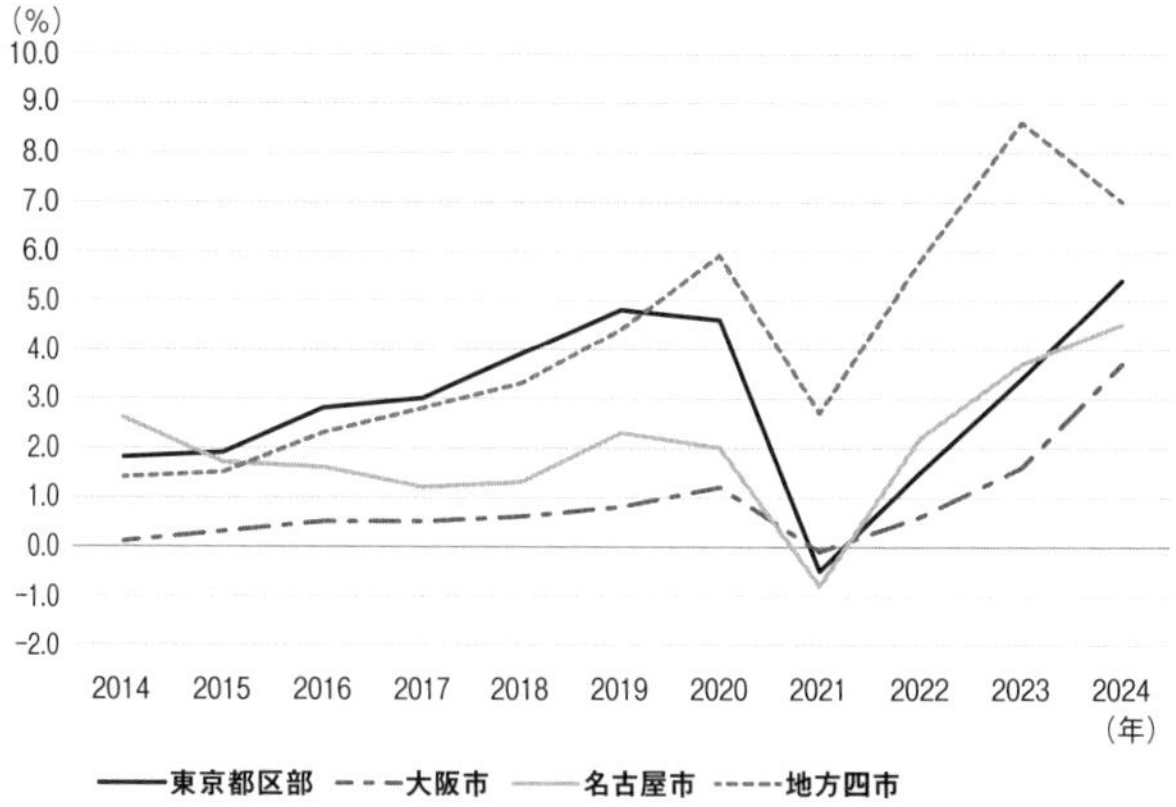

出典：国土交通省「地価公示」データをもとに作成

図表３　商業地公示地価推移（対前年比）

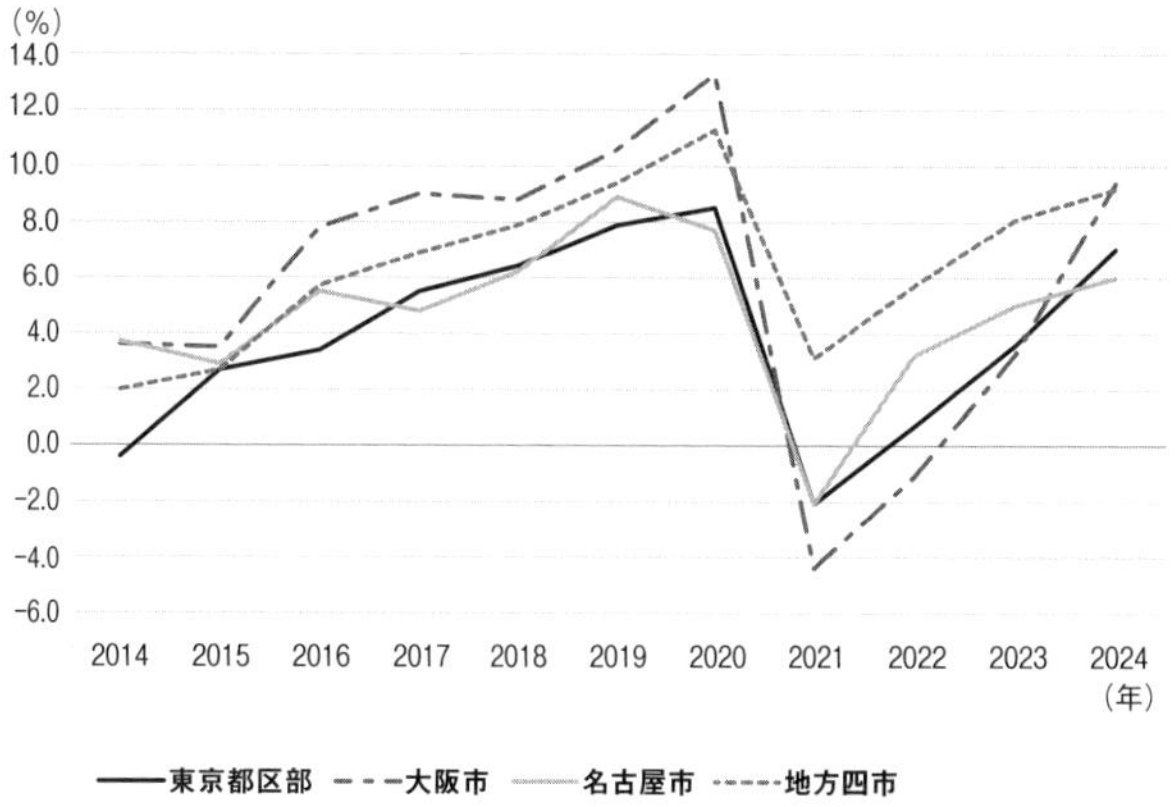

出典：国土交通省「地価公示」データをもとに作成

表する都市の地価が、大都市圏以上の上昇を示していることは意外かもしれない。この背景には、地方における「コンパクト化現象」と呼ばれるものがある。

地方における仕事も、これまでの農林水産業や製造業から、サービス業などの第三次産業が中心となってきた。労働集約型である第三次産業が成立するためには、一定規模の人口ボリュームを必要とする。サービスを提供する者と、これを享受するユーザーが一定数存在することが求められるからだ。人口減少や高齢化が問題視されるようになって久しいが、過疎化が進んだ地方の町や村では、こうしたサービス自体が成立しがたい。

必然的に、サービス事業が成立している街に居住地を移すことが求められた結果、地方都市圏内への集住が進んでいるのだ。地方四市はそれぞれ、北海道、東北、中国、九州における最大の都市だ。十分な社会インフラが整っており、かつてなら東京や大阪に出向いていたような若者にとっても満足な暮らしが送れる。

とりわけ高齢化社会の到来は、介護や福祉といった「人の手」を借りたサービスの必要性を増大させている。そうした産業に従事する若者だけでなく、サービスを享受する高齢者にとっても、都市部に移り住むことが合理的になったのである。

広がるエリア格差と不動産価格上昇の要因

ただし、三大都市や地方四市であればどこでも上昇しているのかと言えばそうではない。大都市だけでなく全国的に地価が高騰した平成バブル時代とは異なり、最近の地価上昇を語る際には、地域全体の平均値で考えるのではなく、地域ごとにかなり綿密にメッシュをかけたうえでチェックを施さなければ、実態を見誤ることになる。

たとえば首都圏（1都3県）で見てみよう。コロナ禍以降、生活の一部にテレワークが取り入れられるようになり、都心一極集中が加速していた人の流れが変わり、一部が郊外に散ったことが話題になった。今ではコロナ禍が落ち着きを見せるなかで、相当数がコロナ禍前のライフスタイルに戻ったとも言われるが、全部が戻ったわけではない。テレワークに適した業種・職種では新しい働き方として認知され、大企業の多くでリアルとリモートを使い分ける就業体系が定着しつつある。

こうした外部環境の変化によって、たとえば神奈川県の湘南エリアにある藤沢市や茅ケ崎市では、人口増にともなって地価は順調に値上がりした一方で、それらとほぼ同じ通勤時間で都心まで通える横須賀市では、人口減少に歯止めがかからず地価は下落傾向が続いている。

同様の現象として、埼玉県では大宮や浦和といった人気エリアを抱えるさいたま市の地価は上昇するのに対して、蓮田市や毛呂山《もろやま》町といったかつては東京に通うビジネスマンが多く住んでいたニュータウンにおいては、住民の高齢化、地域の過疎化が進み、地価の下落が生じている。

地価は一方的に全エリアで上昇しているわけではなく、まだら模様だととらえなければならない理由がここにある。そうした意味で、住宅地としての街は完全なる二極化の様相を呈《てい》している。

また、不動産価格は土地だけで構成されるものではない。昨今、建設費の高騰が話題となっているが、その背景の一つに円安がある。国内での建設であるのに、円安がどうして建設費の高騰を招くのかと不思議に思われるかもしれないが、現在の建設資材の多くは輸入材であり、その影響は甚大だ。長期間にわたって続く低金利政策は、欧米諸国との金利差を拡大させ、結果として極端とも言える円安の状況を招来している。ロシアのウクライナ侵攻やガザ地区での騒動などの影響から、エネルギーコストが増大していることも建設費に暗い影を投げかけている。

労働力不足の問題もある。これまでも建設現場では人手不足に悩まされていたが、2024年度からは働き方改革が建設業にもおよび、休日作業や時間外労働に対しての制約が大きくなっている。

さらに、アベノミクスのもと超低金利政策が実行されただけでなく、住宅ローンに関する所得税の税額控除など、国による住宅取得者に対する各種の税制優遇措置が取られてきたことは、早期に住宅を取得する後押しとなり、不動産価格の上昇につながっている。

こうした複合的な要因によって、現在の不動産価格高騰は引き起こされているのだ。

首都圏では中古市場の上昇にまで波及

新築マンション平均販売価格が1億円を超えていては、少なくとも一般庶民が都区部の新築物件を購入することは不可能だろう。厚生労働省「2023年国民生活基礎調査」によれば、2022年における日本の世帯年収の中央値は405万円。年収の20倍をはるかに超えるような金額のものを自力で買うことなどできない。

では、どうするか。中古物件を探すしかない。データは正直だ。首都圏の中古マンションマーケットはここ数年で急成長を見せている。すでに首都圏における年間の成約件数は2023年で3万5987件になっている。同年の新築マンション供給戸数は2万6873戸なので、それをはるかに上回る。新築マンション供給件数のうち実際に成約した件数で言えば、そのおよそ7割、1万8900戸程度にすぎないと考えれば、中古のほうが倍近く売れていることになる。

日本人は新築志向が強く、新築物件と中古物件の購入割合は8対2で新築が多いなどと言われてきたが、そんな時代があったことが嘘であるかのように、今やこと首都圏のマーケットでは、新築35％に対して中古65％と完全に中古マーケットが主体となっている。ちなみに、アメリカやイギリスは住宅販売における中古の割合が高く、アメリカではその割合は8割である。

このことは、別のデータにも表れている。中古住宅を買う場合には、リノベーションを必要とするケースも多いが、矢野経済研究所の調査によれば、住宅リノベーションマーケットは2022年で7兆2877億円と拡大している。

これまで住宅をリノベーションするには、「どこに頼んでよいかわからない」という声や、悪徳業者に法外な価格を要求されたといったトラブル、工事業者が規模の小さな工事を請けたがらないなど、多くの不安と障害があったが、最近では大手業者の参入も進み、工事内容や価格を明示するなどサービス内容が洗練されてきたことも、中古マーケットの活性化に貢献している。

「不動産＝資産」という意識から生じる期待と不安

一般的な消費財であれば、価格が上がれば売れづらくなるため、いくら物価高だと言っても不動産価格ほどの高騰は起きにくい。需要と供給のバランスによって価格が変動することは不動産でも同じだが、不動産には「資産性」という特徴があり、それが購入者の心理を複雑にしている。

　不動産価格が上昇した際に、人々が想起することには「不安」と「期待」という二つの側面がある。

「不安」はわかりやすい。限られた自己資金を投下し、多額の住宅ローンを組んででも何とか家を手に入れたい人にとって、目の前にある家という商品がどんどん値上がりしていくさまは、いてもたってもいられない状況だろう。「今はとても買えない」と諦めるか、「これ以上は困る。早く買わなくちゃ」と追い立てられるように物件情報を検索することになる。

　一方の「期待」は、家を資産としてとらえることで抱く思いだ。これは「ほくそ笑む」に近い感情と言える。つまり、「大丈夫。マンション価格が上昇してくれれば、ローン負担が重たくても、いざというときに売却すれば何の問題もない」と考える。さらに欲が出て、「ゆくゆくこのマンションを売ったら、いくら儲かるだろうか」という妄想さえもたげてくるかもしれない。

　逆に不動産価格が下がっている場合はどうだろうか。これから家を買おうとする人にとっては、本来であれば朗報になるはずだ。今なら購入したいという人も現れるかもしれない。ところが、ここで多くの人は、「安いから買い時」とはとらえられない。ここでも「まだまだ下がるのではないか」という「期待」感と、「今買ったらさらに下がって、結果的に損を被るのではないか」という「不安」感が交錯する。

ただ実際には、マーケットに売却せずに住み続けるのであれば、購入後の価格の変動は何の影響もない。

いくら価格が上昇しても、株式や債券と同様、売却して「益出し」をしない限り、果実を得ることはできないので、あくまでも「含み益」を眺《なが》めているだけの状態にある。あるいは仮に売却して含み益を享受したとしても、次に住む家に買い替える必要が出てくる。不動産価格が上がっているということは、現在住んでいるレベルの家を買った当時の値段では買えないことを意味するので、同等の家に移り住むためには、場合によっては売却益以上の金銭負担がかかってくる。

下落している場合も同様で、住み続けられるのであれば、何か損するわけではない。結局、自分が所有している「資産」であるはずの家の値段が上がることに気分を良くする、あるいは下がることに対して良い気分になれないだけなのだ。

とはいえ、多くの人にとって自宅の資産性が気になることも事実。不動産価格というのは、あくまでも相対的なもので、ある人にとっては表情を曇らせる価格上昇も、別の人にとっては目を輝かせる事態になる。だからこそ価格が大きく変動しても不動産取引が成立するとも言えるし、「高い」「低い」の判断は一義的に決めつけられるものではない。

今後は住宅ローン地獄に陥る危険性も

また、住み続けるのであれば何の影響もないと述べたが、住宅ローン返済に支障が生じている場合は、こうした市況の変化は問題となる。最近の住宅購入においては、自己資金は少なめにして、目いっぱいのローンを組成する例（これを業界用語では「ハイレバレッジ」と言う）が後を絶たない。今は金利が低くて資金調達がしやすいことと、税制上の優遇策が手厚いのが理由だ。物件価格が上昇基調だったために、かなりのローンを組まない限り手に入らなかったという事情もある。

通常、金融機関はローン審査において、年間返済総額（返済元本＋金利）が借入時の債務者の年収の25％以内に収まる範囲でしか貸付を行わない。債務者の年収が借入以降も安定していたり、さらにはアップしたりする保証はどこにもないからだ。

ところが最近では、それを上回る融資を受けたり、夫婦ペアローンを利用したりする人が増えている。ペアローンとは、共働き世帯の夫婦がそれぞれに住宅ローンを組み、互いに連帯保証人となって返済していく仕組みのローンだ。どちらか一方だけがローンを組むよりも多額の融資を受けやすいため、利用者が急増している。また、ローンに関する税額控除が夫婦ともに享受できる点も、ペアローンを選択する大きな動機になっている。

しかし、長い人生にリスクはつきものである。特にペアローンの場合、夫婦のうちどちらか片方が病気になる、勤めていた会社の業況が悪化する、離婚するなど、特有のリスクがともなう。

いざというときには家を売却してローンを返済することになるが、相場が買った当時よりも下がっていると、目いっぱいのローンを組んでいる人は立ちどころにオーバーローン（住宅を売っても借入金が返済できない状態）に陥《おちい》ることになる。

平成バブルが弾けた1990年代前半、住宅ローンの返済に行き詰まる人が数多く生まれたが、その多くが勤めている会社の業績悪化とともに、住宅価格の値下がりが発生したことでオーバーローンになり、破綻《はたん》するというパターンだった。

実際にどのくらいの人がローン破綻しているのか。フラット35などを提供している住宅金融支援機構の調査によれば、ローン債権のうち、返済が厳しくリスク管理債権の扱いを受けている割合は2022年度で3・05％である。不動産価格が低迷していた2012年度の7・47％と比較して低い水準にはあるが、今後の金利動向によってはこの値が急増するリスクを内包している。

特に近年は変動金利で住宅ローンを組む割合が高い（変動金利72・3％、固定期間選択18

・3％、全期間固定9・3％／住宅金融支援機構調査2023年4月より）ことから、金利変動リスクにさらされる人が急増する可能性がある。総返済額が上昇することでローン返済に困窮《こんきゅう》することはもとより、金利上昇は不動産に対する購入・投資意欲を減退させ、不動産価格の低下を招くため、オーバーローンに陥りやすくなるなど、破綻する比率が上昇していくことが懸念される。

金利上昇に対しては、たいして上がらないという識者の意見も散見される。金利を上げれば、大量の国債を保有している日本銀行自体が破綻するので上げられない、あるいは国債保有者の多くが国内機関であるから低金利のままでも売却圧力は小さい、などとするものだ。

だが、日本だけが低金利の一人旅を続けてきた結果が現在の円安であり、今や輸出大国ではなく輸入品で生きている日本にとって、極端な円安は物価上昇、外資による不動産や有力企業の買収などに直結している。金利は上がらなくてもよいという意見は、このまま国が滅んでいってもかまわないと考えているとしか私には思えない。日銀が金利を恣意《しい》的にコントロールすることで日本経済は守られるというのであれば、30年間にもわたって日本経済が低迷することなどあるはずがないのだ。

実際に、2024年には政策金利の引き上げが行われ始め、日本社会は金利のある世界に突入している。世界中とリンクしている金融マーケットの凶暴性は、リーマンショックのときに手痛く経験している。金利は魔物、侮《あなど》らないほうがよい。

自宅を投資対象として見る人たち

ここまでは住み続けることを前提として住宅購入を見てきたが、世の中には自宅を投資対象として本気で考えている人もいる。

自宅を転売する最大のメリットは税金の優遇だ。通常、不動産を売却する際には譲渡税という税金がかかる。所有期間が5年未満であれば短期譲渡となり、売却金額から取得簿価、手数料などを差し引いた譲渡所得に対して、税率は39・63％（所得税30・63％、住民税9％）となり、5年以上であれば20・315％（所得税15・315％、住民税5％）が課税される。

ところが、それが自宅であれば、譲渡所得が3000万円までなら課税されない。おまけにこの特典は、自宅売買である限り何回利用してもかまわない。これは大きなメリットである。

普通の会社に勤めるサラリーマンながら、自宅の転売で財を成した者が私の知人にいる。彼は定年退職するまでの現役の間に、なんと15回も自宅を転売買し、結果として億円単位の財を築くことに成功したと言う。そんな引っ越しに付き合わされた家族にとってはいい迷惑だったかもしれないが、会うたびに彼はそんな自慢話をとてもうれしそうに語る。

アベノミクスはこれに似た事例をたくさん生み出した。それ以前の2008年のリーマンショックから2011年の東日本大震災発生後にかけて、不動産価格は低調だった。震災の際に電気が止まり大きなトラブルとなったことから、タワーマンションにも人気がなかった。ところがその後、大規模な金融緩和によってマーケットに大量に流し込まれたマネーが株式と不動産に向かい、不動産価格高騰が起こったことから、この時期に自宅を購入した人の多くがその恩恵を享受することになった。

私の周りでも湾岸のタワマンを購入して数千万円の含み益を抱える人や、実際に売却して多額の譲渡益を得た人は大勢いる。彼らの成功は話としては興味深いが、こうした行為には常に不動産相場を読み、物件価値に対して研ぎ澄まされた選別眼を持つ必要があることは言うまでもない。株式や債券で儲ける人の感覚に近いものがあると言えよう。

素人が手を出すには、「不動産」という商品は非常にリスクが高いものだが、この不動産を投資対象として見る視点は、現代の不動産売買における実態をとらえるときに重要なものだ。次章からは、都心の不動産、特にタワマンなどの高額マンションが「金融商品」化している様子を見ていこう。

第二章——金融商品化する都心マンション

億超えのタワマンを誰が買っているのか？

不動産経済研究所の調査によれば、２００４年から２０２３年までに首都圏（1都3県）で供給されたタワーマンション、通称タワマンは、21万９４７８戸にのぼる。実は「タワマン」と言っても世の中に明確な定義があるわけではないが、同研究所では「超高層マンション＝タワマン」の対象を地上20階建て以上のマンションとしている。

同じ期間に首都圏で供給されたマンション全体の戸数は91万９００５戸なので、ここ20年間の新築マンションの約24％、実に4戸に1戸がタワマンという計算になる。かつてタワマンと言えば「超高級マンション」の代名詞だったが、今や新しくマンションを買う人の5人に1人以上がタワマンオーナーなわけだ。もはやその希少性は薄れ、一部の物件はコモディティ化している現実がある。

それでも販売価格はうなぎのぼりだ。数年前に東京・江東区豊洲で供給されたあるタワマンの新築販売時の価格を見ると、平均で坪あたり４５０万円を超えていた。上層階で専有面積100㎡を超すようなプレミアム物件になると、坪単価は6000万円にもおよび、優に2億円を超えるお買い物だ。中層階〜低層階で20坪（66㎡）程度の物件でも、9000万円前後になる。いずれも一般庶民には到底手が届かない価格であるが、販売は好調に終了したという。

それでは、そんなタワマンを買っている人は、どのような人なのだろうか。実際に購入している人のプロフィールを見ると、おおむね四つのカテゴリーに分類できる。

①フロー金持ち

ポンッと1億円以上の物件を買える人は、あたりまえだが金持ちだ。

富裕層を分解すると、そこにはおよそ二つの形態がある。ストック金持ち（所有資産が多い金持ち）とフロー金持ち（所得収入が多い金持ち）だ。タワマン好みは、このうちフロー金持ちが多いという。自らの成功の証《あかし》としてタワマンオーナーになるわけだ。

地方の主要駅前に建設されるタワマンのペントハウス（最上階にある高級住戸）を買うのは地元の名士と言われる。その地域の最高層建物となるタワマンは、いわば「富の象徴」である。その最上階から街を睥睨《へいげい》する天守閣を自らの館にする。私はこれを「地方タワマンの天守閣需要」と名付けている。彼らは東京＝江戸にも館を持ちたがる。こちらは東京に出かけたときに過ごすための藩邸というところか。

一方、主に東京や大阪でタワマンを買う富裕層は、現役バリバリのフロー金持ちだ。ビジネス社会の頂点にいることの誇りとしてタワマンを買う。「タワマン文学」と称されるタワマン内部にある階層ごとの熾烈《しれつ》な権威争いを描く物語があるが、それを巻き起こす闘争本能の高い人たちをイメージしてもズレてはいないだろう。

②高齢資産家

二つ目のタイプは富裕層のなかでも、相続が心配になった高齢者による購入だ。このカテゴリーにはストック金持ちが多い。資産を大量に持ち、そのままにしていると多額の相続税が課せられることを懸念している。娘や息子が税理士や金融機関などの勧めにしたがって、多額の借入金を調達して親に買わせるケースも目立つ。タワマン購入は相続の際の節税効果が絶大であると喧伝《けんでん》されたこともあり、タワマン購入者のプロフィールには意外と高齢層が多い。

③投資家

第三に投資家だ。タワマンに投資してひと儲けを企《たくら》む。彼らの多くはテナントに賃貸して当面の運用益を確保し、時期を見定めて売却する。あるいはテナントは付けずに空箱のままか、あくまでも別宅としてたまに利用する程度にしながら、売り時を見定めている人たちもいる。

ここには外国人投資家の姿も目立つ。使い方としては、同国人に賃貸して運用する、自分たちが日本旅行するときの宿泊所として活用する、子弟が日本に留学する際の居場所としておく、などがある。

さて①から③までの購入者属性の特徴を一言で言うと、そのほとんどが「買う、だけの人」であることだ。

富裕層の多くは、タワマン購入前から別に自宅を保有している人が多い。天守閣需要で買っている地方富裕層などは、買ったタワマンの部屋を迎賓館《げいひんかん》や社内保養施設として扱っている例が多い。東京や大阪のフロー金持ちの場合は住んでいることも多いが、軽井沢や箱根に別荘を持ち、二拠点生活のうちの一つとして買っていたりもする。投資家はもちろんのこと、節税対策をもくろむ高齢者にいたっては、相続が起こることを前提とした買い物であるため、そもそも居住する意思など最初からない。

④パワーカップル

最後に残った第四の購入者が、主な「住んでいる人」になる。世間がもてはやす「パワーカップル」だ。パワーカップルに明確な定義はないが、ニッセイ基礎研究所では夫婦それぞれが年収700万円以上ある世帯としているので、おおむね世帯年収1500万円超えの共働き夫婦を指すものとされる。

彼らがタワマンを購入する理由は、会社通勤がしやすい都心部にあって、交通利便性が高いことにある。世帯年収が1500万円ほどもあれば、35年返済の夫婦ペアローンを組むことで、現行金利水準が続く限り1億円ほどかかるタワマンでも買うことができる。

タワマン購入者のうち「住んでいる人」というのは、実は多くがこのパワーカップルなのだ。プライドや見栄《みえ》で買っている富裕層、運用益や売却益を狙う国内外の投資家たち、相続を終えたらお役御免で売り払うつもりの高齢富裕層といった「買うだけの人」を除けば、数がしぼられてくる。

この構造からすると、都心マンション、とりわけタワマンは、もはや住むためのものではなく、投資や節税手段としての対象となっていると言っても過言ではない。買って住んでいるパワーカップルたちのなかにも、ゆくゆくは売却してあわよくば多額の売却益を享受しようと考えている者もいるし、それで実際に成功した人たちもいる。

野村総合研究所の調べによれば、2021年において純金融資産（不動産を除いた金融資産のうちローンなどの負債を除いた額）で1億円以上を保有している世帯は、全国で約149万世帯も存在する。しかも、その数は年を追うごとに伸びている。今後さらに日本人の間で資産格差が広がると言われているが、タワマンはこのうちの富裕層に向けて供給する商品であり、今後もこうした人々によって支持されていくものなのである。

タワマンは「金融商品」である

私のもとにも、お客様からタワマン購入についての相談がときどき寄せられるが、「お買いになるのでしたら、数年で売却しましょう」とアドバイスするようにしている。ここまで見てきたように、タワマンは長く住み続ける居住用のマンションではなく、「金融商品」と考えたほうがよいからだ。

金融商品に投資して得られる利益は、購入時から売却時までに上昇した価格の差分と、所有している間の運用益で決まる。タワマンを売買する行為を金融商品売買に見立てれば、高額化してもタワマンが買われている理由が見えてくる。

先ほど挙げた豊洲のタワマンを例に考えてみよう。分譲当時の販売価格は坪あたり単価で400万円前半から600万円だったが、現在の売り出し価格は同500万円から1000

万円ほどになっている。今すぐ売却すれば、数千万円から1億円以上の売却益が期待できる計算になる。

運用益についてはどうだろうか。実際に賃貸として出されている住戸の賃料を見ると、最も狭い住戸13坪（43㎡）で月額25万円程度、広めの住戸32坪（106㎡）で月額75万円程度だ。それに対して、オーナー負担となる月額の管理費は1㎡あたり400円、修繕積立金は同100円であるから、両方合わせても狭い住戸で2万2000円ほど、広い住戸で5万3000円ほどの出費で済む。

常に借り手がいて稼働していることは前提になるが、これらの費用を差し引いた運用利回りは、狭い住戸で年間4％程度、広い住戸で3・5％程度となる。ここ十数年続いてきた超低金利時代において十分な利回りだろう。

つまり、このタワマンは出口価格として2割から6割強の値上がりが期待できるうえに、運用利回りで税引き前3％半ばから4％になる「金融商品」なのだ。住宅として資金調達していればローン金利は低く、税制上の優遇も受けられることを踏まえると、「借金をしてでも買おう」と考える人が出ておかしくない。現実に、相当な利益を叩き出した投資家は何人もいる。

なぜマンション購入が「相続税対策」になるのか?

高齢富裕層によるタワマン購入の多くに、節税対策の意図があると先述したが、そのカラクリにも触れておこう。

相続が起こった場合、土地は路線価評価(国税庁が毎年定める道路に面する土地の1㎡あたりの単価から算定する方式)となる。タワマンは、同じ敷地内に大量の住戸があるため、持分とされる土地面積が小さくなることが節税対策となるポイントだ。

たとえば、敷地面積2万㎡、総戸数1000戸、㎡あたりの路線価が56万円のタワマンを例に取ろう。このタワマンの平均にあたる23坪(76㎡)の住戸を1億円で買い、その内訳は土地に7000万円、建物に3000万円とする。

この住戸の土地所有面積は1戸あたりわずか20㎡(2万㎡÷1000戸)ほどという計算になり、土地評価は約1100万円(20㎡×56万円)になる。

建物については固定資産税評価額で約2000万円だとすると、合わせた評価額は3100万円となる。現金で1億円を持っていれば額面通りに課税されるが、タワマンにしておけば相続税の計算のもととなる評価額が7割も圧縮されるのだ。

おまけに借入金額は相続評価額から差し引くことができるため、購入資金を借入金で充《あ》てることによって、さらに評価額を圧縮する方法もある。

国税庁の資料には、東京、福岡、広島でのマンションの実例が掲載されている。東京都内にある43階建てのタワマンの例では、23階67・17㎡の住戸の実勢価格（実際に売買される取引価格／時価）が1億1900万円であったのに対して、相続税評価額は3720万円と、実勢価格は評価額の3・2倍にもなっている。

相続には基礎控除があり、3000万円＋600万円×法定相続人の数で計算されるため、相続人が子1名であれば3600万円が引かれ、課税価格は120万円だ。仮にマンションだけが相続財産だとすれば、1000万円以下の相続税率は10％であるため、税金支払いはわずか12万円ほどで済む。

同資料では福岡のマンションで乖離《かいり》が2・36倍、広島のマンションで2・34倍など、実例を示しながら相続税評価額が実勢価格と乖離しているさまを掲げている。

マンションの乖離率の平均は2・34倍と言われており、タワマンに限らず、マンションは現金で持つよりもはるかに税負担の少ない金融商品のような役割を持っていることがわかる。

ただ、この手法については国税庁が問題視し、税負担の公平化を理由として評価手法を改正することになった。2024年より実施されたこの改正では、実勢価格との乖離率が1・67倍以上になる場合において、「相続税評価額×乖離率×0・6」で評価することになった。戸建てにおける平均乖離率が1・66倍であるため、それを上回る場合には、「相続税評価額

×乖離率」でいったん実勢価格に調整し直してから、さらに0・6掛けする（1÷1・66＝0・6）ことで、戸建てとの格差を是正《ぜせい》しようというわけだ。今回の算定方法はタワマンだけが対象ではなく、マンションの場合はすべてが該当することになる。

とはいえ、現金で持つよりも相続評価額を下げられることには変わりなく、相続後の売却も見込めば、タワマン購入による節税効果への需要は残り続ける。

株式投資にはないマンション投資のリスク

ここまでの話を聞けば、世間で「タワマンは儲かる」と喧伝される理由もわかるだろう。しかし、絶対に儲かるうまい話などないことは投資の常識だ。取引価格が相場に左右されるのは株式と同じで、相場が安いときに仕入れ、高いときに手放すのが鉄則になる。特に投資額が大きくなるタワマンを買う際には、この鉄則をよりいっそう肝に銘じておく必要がある。

株式投資と異なる不動産投資ならではのリスクとしては、流動性の低さがある。相場を見て「ここぞ」というタイミングで売却し利益を確定する、逆に「ダメだ」と思ったら損切りを行うことも投資の鉄則だが、タワマンは株式のように即日で売買が成立するものではない。ボタン一つで済む株式市場とは異なり、取引に相応の時間がかかる。相場が悪くなり一斉に売りに出される事態に陥っても、商品単価が高いのですぐには買い手がつきづらいのだ。

しかも、不動産は個別性が高いので、同じ建物内の住戸であっても階数や方角、間取りなどが影響して選ばれない可能性もある。最悪の場合、相場が下がり始めて慌てて売りに出そうとしても、売れるまでの期間、どんどん下がり続けていくさまを指をくわえてながめるしかないのだ。この流動性の低さは、急な金利変動など経済環境の変化に対しても脆弱《ぜいじゃく》だ。

売買取引の際にかかる手数料もバカにならない。宅地建物取引業法上、規定されている仲介手数料は取引価格が400万円超えで3%、報酬には消費税が課せられるので実質3・3%になる。この料率はあくまでも上限値ではあるが、仲介手数料をケチると業者のやる気がなくなり、きちんと扱ってくれなくなるリスクがある。

株式投資でも信託報酬などは取られるが、不動産は金額が大きいので、この仲介手数料にかかる額も多額になり、1億円の売買ならば税込みで330万円だ。この仲介報酬は売る場合にも買う場合にも同様に3%が請求される。

譲渡する場合の譲渡税も侮れない。自宅用であれば売却金額から取得費用等を差し引いた譲渡所得に対して3000万円まで控除されると先述したが、通常は自宅として居住していない限り、この特例は利用できない。住民票があることは必須で、なかには住民票を移して偽装する人もいるが、実際に居住している形跡が確認できないと否認されるケースが多い。

これらに加え、売買契約書締結にあたって印紙税がかかるほか、住宅ローンを組んでいた場合、期日前返済に関わる手数料、抵当権抹消費用などもかかる。

このように不動産取引は手数料と税金の塊なのだ。したがって、売買によってある程度の利益をつかめたと思っても、意外にも仲介手数料その他の譲渡費用でかなりの部分が相殺されてしまう。

さらに不動産という商品は、時間の経過とともにそれ自体の価値が劣化していくという特徴を持つ。古くなる建物の価値を維持するために修繕費用が嵩《かさ》むし、周囲に競合する建物（商品）が出てくれば競争が激しくなり、売却額を下げる必要が出てくる可能性がある。運用益を見込んで賃貸に供しても、借り手がいなければ話にならないため、当初は見込めていた高い利回りが続く保証などない。

２０１０年代後半から今にいたるまでは、かなり高いパフォーマンスを示してきたので、実際に得をした人が多いのは事実だが、どの金融商品もそうであるように、これまでの成功がこれからの成功を約束するものではない。

私がタワマン購入を検討されているお客様に、売却を前提に出口戦略を考えておくよう勧めるのは、こうした点があるからだ。それを承知のうえで買うのならば、金融商品同様に、不動産マーケットの動向に加え、金融マーケットの動向などにもよく目を配って、即座に売買ができる体制を保っていくことが肝要になる。

相場と金利から考える買い時と売り時

念のために言うと、私はタワマンを買うことを否定はしていない。心から住みたいと思っている人もいるだろうし、「住んでいる人」のなかにも永住はせずにいつかは売却したい、その際にある程度の儲けが出てほしいと願っている人も多いことだろう。

では、タワマンを買うタイミングについては、どのように考えればよいのだろうか。「金融商品」として考えれば、当然のことだが、「買い時」と「売り時」を見誤ってはいけない。

「買い時」とはいつか。物件価格が時代環境に則しても「安い」と感じられるときである。たとえば、東日本大震災が勃発《ぼっぱつ》したときの首都圏の不動産価格。震災自体は大変な災厄《さいやく》であり、亡くなられた方や被害にあわれた方にはかける言葉もない。しかし、冷徹な不動産投資の世界からすると、当時の首都圏の不動産価格の下落ぶりは目を見張るものだった。

液状化現象が見られた千葉県の浦安エリアや湾岸埋め立て地の一部は、特に顕著だった。また、押し寄せる津波を目の当たりにしたことで、鎌倉や逗子、湘南海岸エリアには「人の住むところではない」というレッテルを貼られ、激しい不動産価格の低下がもたらされた。

しかし、日常生活が戻り、やがて記憶が薄れるにしたがって冷静になるものである。冷静になった目で見れば、一時的に不人気となっているエリアの不動産は「お買い得」と言え、買い手がつくにつれて価格も上昇していく。つまり、平素の実勢価格以上に下がっていれば、それは「買い時」ということなのだ。

他にも新しい道路や鉄道計画が持ち上がったとき、再開発で大規模なオフィスビルが建つような場合にも、周辺エリアにある中古マンションの値段が上昇するケースは多く見られる。

また、金利の見極めも「買い時」を制する基礎項目だ。経済原則的に、金利が上昇することは加熱する景気を引き締めることにつながるので、特に投資用不動産の価格は軟化する傾向がある。ローン金利が上がることは投資コストが上がることにもつながるが、考え方を変えてみれば、これは物件を安く手に入れるチャンスでもある。

逆に「売り時」は、金利上昇の一歩手前のタイミングだ。金利が上昇するとそれまで「買い」一辺倒だった投資家たちの手が止まる。住むためにマンションを買おうと思っていた人たちも、資金調達コストのアップにより購入意欲を削《そ》がれることになる。

ただ、こうした見極めは、不動産の素人には非常に困難であることは、あらためて強調しておきたい。プロである投資家と同じマーケットで戦うことになるので、夢を見すぎるのは危険だ。日々投資マーケットに身を置くプロの投資家は、常に一般人よりも多くの情報に接していて行動が早い。

不動産は額が大きく金利変化の影響が尋常ではないことは先述したが、今の低金利時代において、パワーカップルなど一般購入者は、金利上昇リスクに対して極めて脆弱な状態にあると気づきにくい。いざ場面が変わり、かなり悲惨なことになってから頭を抱えることになりかねない。

たとえば世帯年収1500万円のパワーカップルが住宅ローンを組み、年収の25％以内の年間返済額で借りることができるローンの総額は、期間35年、金利2％で9433万円である。このときの月額返済をシミュレーションすると、ボーナス払いなしで31万2480円となる。ところが、金利が1％上がっただけで月額返済は36万3029円となり、月に5万549円、年間にして60万6588円もの負担増になる。

年収が上がってパワーアップしていければよいが、思い切りレバレッジを利かせて借り入れている場合には、金利変動に細心の注意を払う必要がある。

現在の不動産市況は「令和バブル」なのか？

「平成バブル」と言われた1980年代後半から90年代前半、地価は急上昇していた。この時代には、土地は持ってさえいれば確実に上がる、早く持たなければ買えなくなる、という「不動産神話」があった。

実際に土地が暴騰していたことを東京圏における公示地価推移から見てみよう。ちなみに公示地価でいう東京圏とは、首都圏整備法における既成市街地および近郊整備地帯を含む地

図表４　東京圏における公示地価推移（対前年比）

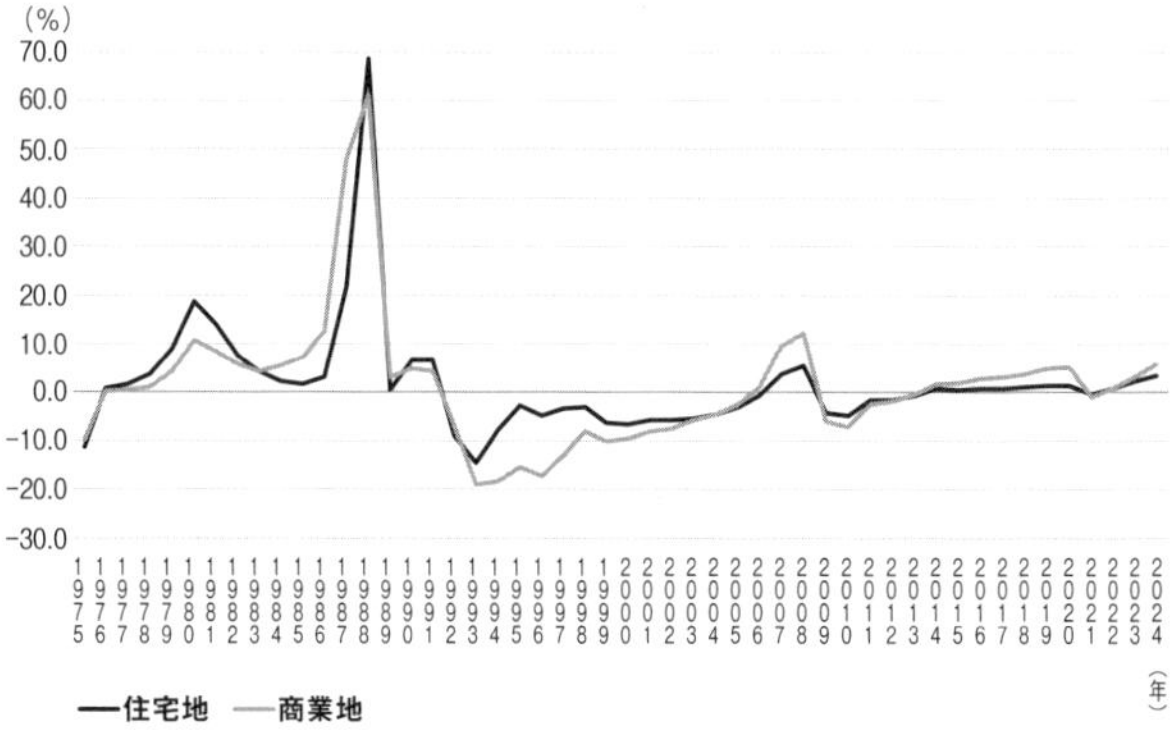

出典：国土交通省「地価公示」データをもとに作成

域を指し、東京都、神奈川県、埼玉県、千葉県の各市区および茨城県の一部の市が調査対象として該当する。

これを見ると、１９８７年から88年にかけて、東京圏では異常な地価上昇があったことがわかる。88年で住宅地は対前年比68・６％、商業地で同61・１％もの上昇である。なお一般的に「平成バブル」と言われているが、平成に年号が変わる89年には地価の上昇率は一桁台に抑えられ、92年以降は対前年比で下落を続けていく。〈図表４〉

これに対し、２０１３年以降の大規模金融緩和による不動産価格の上昇を、一部では「不動産バブルの再来」と表現する向きがある。だが、どうだろうか。東京圏ではこの期間中、住宅地も商業地も上昇率は０％台から３％程度である。つまり、地価はほとんど「安定的」な状態にあると考えて差し支えない。地価にバブルなど生じていないのだ。

確かに都心部のマンションだけを見ると、この10年ほどの間に2割から3割ほど上昇した物件はざらにあるが、不動産の価格全体が上がっているのではなく、都心部にある一部の物件がピンポイントで激しく上昇しているだけで、その他多くの不動産価格はそれほど上がってはいない。だからエリア全体で平均化してしまうと、上昇率はごくおとなしい数値になってしまうのだ。

こうした状況を見ても、平成バブル時の過剰流動と、いわゆるアベノミクスで実施された大規模金融緩和は、不動産マーケットにとってかなり性格の異なる資金の流れだと言える。

平成バブルというのは、プラザ合意後の過剰流動性の発生を起因として、大量のマネーが不動産マーケットに流入し、空前の好景気と相まって企業も一般個人もこぞって金を借り、不動産を買った時代である。

「いらない」と言っても、銀行は「どうぞお使いください」と言って、「絶対に値上がりする」不動産投資を勧めた。投資対象として稼働不動産だけでなく、値上がりが期待できる更地なども多く対象となった。実際に、借りたお金で買った不動産を高値で売り抜ける人が続出。当時は濡れ手で粟で儲けた人を世間では「バブル紳士」などと呼んだ。

ところが現在の大規模金融緩和では、銀行から金を借りて不動産投資に勤しむ企業や個人はわずかである。本業ではない不動産投資を行うことに対し、特に上場企業ではコンプライアンス上から慎重になるし、銀行も本業とは関係のない投機資金を貸し出すことはない。ましてや一般個人でも多額の借り入れができるのは、住宅ローンを利用できる自宅購入以外では、アパートローンなどの事業用資金となるため、金利などの負担も高く、銀行側の融資のハードルも高い。

結局はここまで見てきたように、富裕層や投資家など、限られたプレーヤーによるピンポイントの不動産投資が一部の不動産価格を押し上げているだけで、これが「令和バブル」という錯覚《さっかく》をもたらす原因だ。

むしろ「バブルの再来だ」と言いたがるのは不動産業者のほうかもしれない。土地代と建設費が上がりすぎて、土地を仕入れてマンションを建設・分譲してきた業者の多くが、新築マンションの供給ができず、借りたお金で大手デベロッパーが分譲するマンションをまとめ買いし、新古、中古物件として顧客に販売して利ザヤを稼いでいる事例が後を絶たない。

また、平成バブル時にはほとんど存在しなかった外国人投資家が、都心部の優良な不動産に手を出している。アジアなどの外国人富裕層や企業年金などの潤沢な資金をバックにした不動産投資ファンドなどが、日本の不動産を積極的に購入しているのだ。その購入を後押しするのが、すっかり弱くなってしまった円というわけだ。

だから、一般素人は気をつけなければならない。今の不動産投資マーケットは完全なプロの世界なのだ。プロに大量の資金が流れ込んで、プロ同士が「切った」「張った」とやっている博打場に、のこのこ素人が出て行って敵うはずはない。自宅投資として、自身でローンを返済できるだけの経済的余裕がある範囲ならまだよいが、純粋な不動産投資に挑むのは投資額が株式や債券などと比べて巨額であるだけに、痛い目にあうと逃げ場を失い、取り返しのつかないことになる。

そうした意味で、いまだに「不動産を持てば一生楽々の人生」などと無責任に語る投資本が世の中に出回っていることにイラ立ちを覚える。「不動産神話」とは、平成バブル時代の宴《うたげ》であって、今や都市伝説とも言えるものなのだ。

第三章——負動産化する郊外住宅

二世代にまたがる「空き家」問題

　ここまで不動産の価格上昇や金融商品化の内実に触れ、庶民にとって「家が買えない」状況の背景解説をしてきた。ところが、それとは真逆に「家が余る」事態も日本で進行している。それが「空き家問題」だ。

　太平洋戦争が終結したのが１９４５年。それから間もなく80年の時が経とうとしている。80年と言えば、ほぼ三世代にわたって家が引き継がれていることになる。

　戦後の復興を経て、日本は１９６０年代に高度経済成長の時代を迎えた。成長をけん引したのが地方から東京、大阪、名古屋などの大都市に大量に流入した人々だ。こうした人口移動については次章で詳しく見ていくが、彼らは都市部で働き口を見つけ、都心の職場から離れた郊外にマイホームを持ち、地元に戻ることはなかった。

　そんな彼らが直面したのが、地方に残した親たちが住む実家の問題だ。勤めている会社で定年を迎えたあと、今さら地元に戻っても、友人たちとは疎遠《そえん》、地域のしきたりすらわからなくなっている。

そうなると親が亡くなったあと、実家は必然として空き家化する。これが空き家問題の始まりだ。地方は住民が高齢化しているうえに人口減少が顕著になっているので、「もう誰も住まないから」と売ろうにも、そうそう買い手はいない。古くからある実家を簡単に処分しようとすることに対し、いくら疎遠になったとはいえ近所からの誹《そし》りが気になる人もいるだろう。

結果として、何となく持ち続けることになる。盆や暮れに帰ったときだけ滞在し、ついでに掃除する程度の関わり方で何もしない、問題先送りを延々と続ける。固定資産税は地方であればそれほどの負担ではないが、家を解体して更地にするとその固定資産税が跳《は》ね上がってしまうことも、空き家のまま放置する誘因になる。これが地方における空き家化の問題で、私は「第一世代空き家」と呼んでいる。

さらに時代は進んで、1960年代に都市部に出てきた世代も、60年の月日が経つなかで多くが後期高齢者になった。そう、現在は戦後2回目となる相続問題の波が来ているのだ。彼らの多くが住んでいるのは必死の想いで買い求めた大都市郊外の戸建て住宅だが、その子どもたちもすでに50代から60代の中年期を迎えており、多くは自らの家を持っていて郊外の実家に戻る予定はない。

こうして今起こっているのが、大都市圏郊外戸建て住宅の空き家問題（第二世代空き家）だ。都心居住が一般化した現代において、都心まで1時間から2時間近くかけて通勤しなければならない郊外住宅地に対する需要は見込めない。代替わりで家が引き継がれる可能性が少なく、新たに買う需要も見出せなければ、郊外戸建て住宅が空き家化するのは止められない流れとなる。

この家を相続する子どもたち（第三世代）に降りかかるのは、親（第二世代）の郊外戸建て住宅だけでなく、親が問題先送りにしてきた祖父母の代（第一世代）の地方住宅も含めた空き家セットだ。

家だけならまだしも、地方には代々受け継がれてきた農地、山林など、彼らがよく知らない不動産が存在する。いずれも換金できないばかりか、維持費、管理費などの負担付き不動産だ。こうなると、もはや不動産ならぬ「負動産」となる。相続が重なれば重なるほど、こうした負動産は重い負担となっていく。これからの時代は、こうしたやっかいものの負動産に子孫たちが苦しむことになるのだ。

スラム化につき進む郊外老朽化マンション

これから多発する相続において、問題となるのは戸建て住宅ばかりではない。日本の世に登場して約70年、ストック数で700万戸にもおよび、都市部でのごく一般的な住宅形態となった「マンション」も同じだ。

国土交通省「令和5年度マンション総合調査」によれば、2022年末における築40年以上のマンション戸数は125万7000戸。この数は今後増え続け、2032年末には260万8000戸、2042年末には445万戸に急増すると予想されている。

マンションは一般的に、戸建て住宅に比べて流通しやすいと言われてきた。建物の構造躯《く》体《たい》が強固であり、専有部のみリフォームすれば住環境を比較的維持しやすいからだ。

だが、マンションであっても老朽化は避けられない。それでも東京都心部にあれば、立地の良さから一定の居住ニーズをつかまえることもできるが、郊外にある老朽化マンションになると、買い手はおろか借り手を探すのにもひと苦労となる。郊外部にあるマンションについては、今後流通性が著しく減じていく運命にあることは戸建て住宅と変わらない。

戦後地方から都市部に出てきて家を持った人たちの一部は、戸建て住宅には手が届かず、新しい居住形態として急速に広まったマンションを選択して買い求めた。この時期に供給されたマンションが築40年以上となり、新築から住み続けている人たちもそろそろ相続を迎える年代になるわけだ。

いっそのこと相続放棄してしまえばと考えても、相続放棄するには預貯金など他の金融資産も同時に放棄しなければならない。こうして仕方なく相続されたマンション住戸が、これから空き家化していく。マンション空き住戸は好都合なことに、周囲からすぐには空き家とわからないので、放置された状態が長く続きやすい。

今はこうしたマンション空き住戸が、郊外老朽化マンションで多発している。マンションは毎月管理費、修繕積立金が徴収される。これがマンションを相続する際の大きな負担となる。住んでいようがいまいが同様にかかってくる負債のようなものだ。

負担を嫌う一部の相続人が、マンションを相続したことを登記しない、管理組合に届け出ないことによって、管理費や修繕積立金が支払われない事態に陥り、頭を悩ませている管理組合も多数発生している。一部の者であっても必要な費用を滞納すると、建物全体の維持管理に支障をきたすことになる。

ここから行きつく先に、マンションのスラム化問題が横たわる。一般的に空き住戸が全体の3割を超えるとスラム化が始まると言われる。苦し紛《まぎ》れに筋のよろしくない者に売る／貸すことで、マンション管理に理解を示さない輩《やから》が集まり、居住環境が悪化する。すると環境悪化を嫌った住民が退出する。こうした負のサイクルに陥る可能性がある。海外にしかない問題だと思われていたスラム化が、今後は日本でも日常風景になるのかもしれないのだ。

図表5　日本全国における空き家数と空き家率の推移

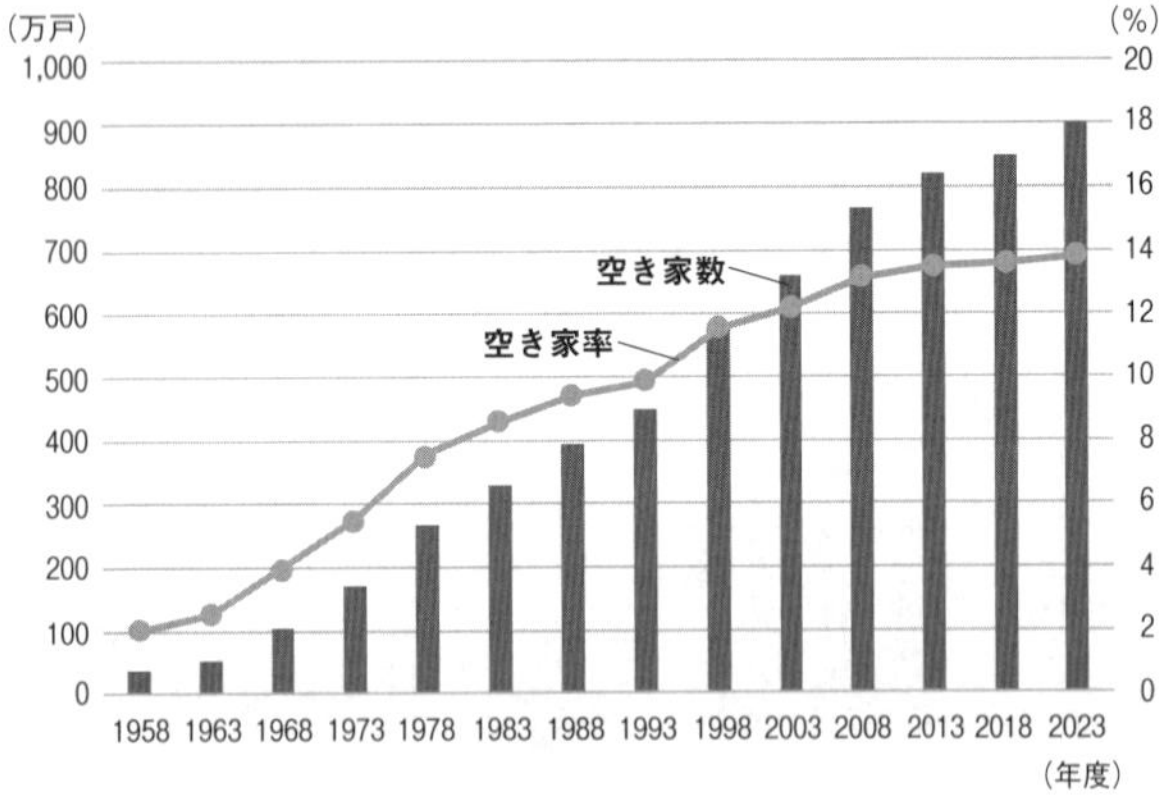

出典：総務省統計局「住宅・土地統計調査」資料をもとに作成

日本中で増えている「空き家」の実態とは？

総務省「令和5年住宅・土地統計調査」によれば、全国の空き家は９００万戸。前回調査（２０１８年）に比べて51万戸増加し、総住宅数に占める割合（空き家率）は13・８％におよぶ。65年前の１９５８年では36万戸にすぎなかったが、空き家の数は5年ごとの調査で一貫して右肩上がりの状態が続いている。〈図表5〉

空き家率が高いのは、徳島県の21・３％を筆頭に、和歌山県、鹿児島県、山梨県が続く。一方で低いのは、埼玉県の9・３％、沖縄県、神奈川県、東京都となる。沖縄県は出生率も高く、移住希望者も多いことから住宅不足の状況にあるが、これは例外で基本的に地方は空き家率が高く、首都圏の各都県は低い。

図表6　2023年における都道府県別空き家率上位5つ（左）／下位5つ（右）

順位	都道府県	空き家率
1	徳　島	21.3%
2	和歌山	21.2%
3	鹿児島	20.5%
4	山　梨	20.4%
5	高　知	20.3%

順位	都道府県	空き家率
1	埼　玉	9.3%
2	沖　縄	9.4%
3	神奈川	9.8%
4	東　京	10.9%
5	愛　知	11.8%

出典：総務省統計局「令和５年住宅・土地統計調査」をもとに作成

〈図表６〉

これだけ見ると地方にだけ空き家が多いように映るだろうが、軒並み空き家率で低い数値を示していると言っても、首都圏の住宅総数は国内で突出して多い。したがって、空き家を実数で表示すると状況は一変する。東京都は空き家率が10・９％と全国平均に比べ低位にあるが、実数では90万戸でダントツの全国第1位。「空き家問題」と言うと過疎化が進む地方の話だとイメージされるが、それは実情と異なるのだ。

空き家はその属性によって「賃貸用」「売却用」「二次的」「個人住宅」に分類される。賃貸用はアパートなどの賃貸住宅、売却用は売却のために空き家にしているもの、二次的は別荘など、そして現在、社会問題として深刻化しているのが住み手のいなくなってしまった「個人住宅」の空き家である。

空き家９００万戸のうち約半数に相当する４４４万戸は「賃貸用」空き家であるが、近年は「個人住宅」の空き家（３８４万戸）も急激にその数を伸ばしている。住宅が足りない、家が買えないなどと言われている一方で、実は国内、しかも首都圏にもたくさんの空き家が存在しているのが実態だ。

また、空き家に対して、傾いてとても人が住むことが適わない家や、放置されてごみ屋敷と化している事例がメディアなどで多く紹介されているせいで、ネガティブなイメージが染みついてしまっているが、これも実情とは異なる。実は国土交通省の調査によれば、個人住宅の空き家の約半数は、駅から1㎞(徒歩12分)以内で耐震性も保たれている物件だという。要は、家は基本的には余っているのである。

生産緑地に関する「2022年問題」は杞憂に終わったのか?

家余りに関連して、業界関係者で囁《ささや》かれてきた「2022年問題」と「2025年問題」についても見ていこう。

「2022年問題」とは、大都市郊外に存在する都市農地に関する問題だ。三大都市圏の市街化区域内にある農地に対して、「生産緑地制度」というものが存在する。この制度は生産緑地法が改正され、1992年に施行されたことによって生まれ、都市部の宅地のうち農業に利用されている土地については、宅地並みの課税を猶予《ゆうよ》し、固定資産税の大幅な負担軽減を施しているものだ。

改正当時は、平成バブルにより土地が高騰していた時代である。この制度が設けられた背景には、固定資産税負担が増した都市農家を守る目的と、郊外部における乱開発によって都市環境が悪化することを抑制するという目的があった。

この制度の適用にはいくつか条件があり、特に大きいのが営農義務で、生産緑地に登録すると、その土地で30年にわたって農業を継続しなければならなくなり、宅地への転用や売却ができなくなる。

実際にかなり多くの都市農地が生産緑地として登録され、2019年時点で約5万8000地区、1万2209haが登録されていた。

この改正からちょうど30年後にあたるのが2022年。登録されている農地のうち約8割にあたる9563haが登録期限30年満了を迎えた。期限が来たら、土地の所有者は指定を解除し、宅地にして売却することもできる。「2022年問題」というのは、広大な生産緑地が宅地として一斉に売り出されることで供給過多になり、大都市郊外部の地価暴落につながるのではないか、として広まった懸念なのだ。

解除する場合、市町村に買い取り請求ができるが、全国各地の市町村にこれだけの土地の買い取りに応じる財政余力があるはずがない。郊外部の土地が暴落することも避けたい政府は、新たに「特定生産緑地制度」を設定した。これは対象となる農地について、特定生産緑地に登録することで優遇措置をさらに10年延長でき、その後も10年ごとに延長できる仕組みに改正したものだ。

その後の経過を見ると、この改正が奏功《そうこう》し、「2022年問題」は杞憂《きゆう》に終わったとも語られる。実際に国土交通省によれば2022年12月末日時点で、199都市にある9273haの生産緑地のうち、89%にあたる8282haが特定生産緑地に登録されている。つまり、ほとんどの所有者が制度の延長を選択したのだ。

だが、これで本当に「2022年問題」は解決したのだろうか。都市農地の所有者の多くは高齢化している。ひとまず10年延長されても、所有者たちの間でこれから相続の問題が頻発することは間違いない。彼らの子どもたちの一部には生産緑地として引き継ぐ者もいるかもしれないが、多くは親の職業を継ぐ意志はないだろう。

これまで農業を続けてきた高齢者の大半が、いきなり「2022年限りで農業をやめる」とは言い出しにくい。その結果として、「とりあえず特定生産緑地に登録をしておこう」と「問題先送り」の選択をしたにすぎないのである。

都市農地にしぼって見ると、生産緑地制度改正当初の1992年には1万5109haが登録されていたが、2022年までの期間に約38%にあたる5836haが減少している。都市の場合は宅地にしても利用しやすいので、相続等の発生によって生産緑地として継続せずに、宅地にする道を選んだためだと推察される。

国では、生産緑地への登録要件を緩和して、農業法人への貸付や農作物の直売所などに提供している土地についても登録を可能にするなど、制度の維持に腐心しているが、それも「問題先送り」のための弥《び》縫《ほう》策にすぎない。

やがて先送った問題が、相続の大量発生によって一気に現実問題と化すだろう。行き場を失った農地の相続者が、宅地並み課税を嫌って市町村への買い取りを声高に要求したり、宅地としてマーケットに出したりすることで、郊外部の地価が思いもよらぬ下落に向かう可能性を内包している。「２０２２年問題」とは言うが、この問題の行方は２０２２年に決まるものではない。いわば２０２２年は「終わりの始まり」なのである。

人口動態から見て避けられない「２０２５年問題」とは？

もう一つの「２０２５年問題」とは、人口動態の変化に関する問題だ。日本の人口のボリュームゾーンとしてよく取り上げられてきたのが、戦後のベビーブームのなかで生まれた１９４７年から49年生まれの団塊世代である。

総務省「令和２年国勢調査」によれば、団塊世代人口は５９６万人、人口全体の４・７％を占めている。いまだ日本人の20人に１人が該当する一大勢力だ。この世代はほとんどがリタイアしているが、老後も現役のときの元気そのものに趣味や旅行に勤しんできた。

その団塊世代も、2025年には全員が75歳以上の後期高齢者になる。いくら平均寿命が延びたとはいえ、日本人の健康寿命は2019年で男性72・68歳、女性75・38歳。そろそろ団塊世代の多くが何らかの健康上の問題を抱え、老人福祉施設に入所して自宅を売却したり、亡くなって相続が発生したりすることは避けられない。

社会保障費のさらなる増大が想定されるだけでなく、主のいなくなった家が空き家化するか、売却されて大量にマーケットに登場することは容易に想像される。特に首都圏には2022年1月末時点で、478万人の後期高齢者が暮らしている。ここに約155万人に相当する首都圏在住の団塊世代が加わることで、相続発生による売却案件はさらに増え、住宅の需給バランスが大きく崩れることが懸念される。

これと同じような問題は、世帯数の減少によっても引き起こされる。日本人の人口は2008年がピークだったが、国立社会保障・人口問題研究所によれば、2023年には世帯数もピークアウトし、減少に向かうとされる。世帯数の減少は、当然のことながら住宅需要が減少することを意味する。2025年の5419万世帯から、2040年には5076万世帯に減少することが予想され、今後わずか15年の間で343万世帯分もの住宅需要が消えるインパクトは無視できない。

２０２５年という年は、住宅の環境対応に関する変化も訪れる節目だ。２０２５年からはすべての新築住宅で外壁の断熱や、冷暖房費削減を目的とした太陽光発電装置の設置など、省エネ基準への適合が求められる。補助金などの措置はあるものの、住宅価格へのしわ寄せは避けられず、ただでさえ建築費高騰で高嶺の花となった新築住宅は、ますます手が届かない存在になる。

さらに、２０３０年までにＺＥＨ（ゼロエネルギーハウス）対応が求められ、２０５０年以降のカーボンニュートラル実現が必須となることも、これからの住宅需要に大きな影響をおよぼすと考えられる。

総じて、２０２２年から２０２５年という期間は、今はそうは見えなくても、これからの不動産、住宅マーケットの転換点になる時代だと言える。

「売れるから建てる」が終焉した先に

空き家の戸数が年々増加を続け９００万戸に達しているうえに、そのなかには十分に住める空き家が多くあることはこれまでに見てきた。住宅不足どころか、住宅余りの時代を迎えているのであれば、新たな物件を供給する必要もないように思われる。

実際に、日本国内では２０２２年に年間で86万戸の住宅が新設されたが、１９９６年には

164万戸が供給されていたので、約25年で半減したことになる。野村総合研究所の予測では、2040年には55万戸にまで減少するという。

これに対し、「新築供給の不足が高額化を招いている」という声も聞かれる。減少しているとはいえ、いまだに年間で86万戸も新たに供給されているにもかかわらずだ。なぜこれだけの住宅が空き家化して余っているのに、新築の住宅は「売れる」のだろうか。

端的に言えば、「住めればよい」という住宅に対する価値観に変化が生じているのだ。これには「都心居住ニーズ」と「投資ニーズ」の高まりという二つの流れがある。ここでは第一部のまとめとして、あらためて後者を考えていこう。

以前は存在しなかった外国人投資家の姿も含め、新たな投資ニーズの掘り起こしによって、かたや住宅が余る一方で、新しい住宅をつくり続けるだけの理由が生まれ、それが高額化にもつながっている。新築マンションは都心好立地の物件が中心となり、将来的な値上がりが見込めるものだけが、たとえ高額であっても評価されるようになった。

外国人投資家から見れば、日本で売られるマンションは円安の後押しもあって、とてもリーズナブルに映る。こうした投資家は東京の不動産を買う際に、日本社会が迎えている人口減少や高齢化の進行といった長期的なマイナス要因はあまり気にしない。グローバルな視点で「今」、東京が「安くてお買い得」なのであれば、購入することに何の支障もないと考える。なぜなら彼らは東京に住むのではなく、買って売るという鞘《さや》取りゲームをやっているにすぎないからだ。

不動産業者も、価格が高騰してもついてくる人がいる、つまり売れている限り、喜んで新築物件を供給する。「買える家がなくて庶民が困っている。そんな人のためにも安い住宅を供給しましょう」などといった殊勝《しゅしょう》な考えなど、多くの業者には微塵《みじん》もない。

第一章の冒頭で「街は二極化の様相を呈している」と語ったが、「空き家」が増え続けてスラム化の危機に瀕するエリアが増える一方で、さらなる価格上昇が期待できる都心エリアには高いニーズが見込めるのだ。

しかし、こうした状況はいつまでも進行するのだろうか。新築事業者が実需を無視し、高額のマンションをこのまま供給して利益を上げ続けられるのかと言えば、それほど世の中は甘くできてはいない。投資には利回りという概念がある。物件価格が高くなればなるほど、投資利回りを確保するには賃料が高くなっていかなければならない。

日本に高額家賃を支払えるテナントが今後も大勢出現すれば、マーケットは成立するが、それは日本経済の行く末との心中となる。金融マーケットと連関している投資用不動産マーケットは、グローバルな視点での金融情勢、戦争やテロ、地震・台風などの自然災害、疫病などのパンデミック、政治的な対立など、あらゆるリスクと向き合ったうえで成立する脆弱な基盤の上に立つ。長い歴史を振り返ってみるまでもなく、こうした時代の変化を我々は何度も経験している。平成バブル然《しか》り、リーマンショック然りだ。

結局、実需をともなうニーズがなければ、安泰《あんたい》なマーケットとはならない。それでは、もう一つの「都心居住ニーズ」についてはどのように生まれ、今後はどうなっていくものなのだろうか。

次の第二部では、歴史的背景をたどりながら、日本人の住宅地選びやライフスタイルの変化にフォーカスして見ていこう。

第二部
移りゆく日本人の「マイホーム」事情

第四章――「通勤距離」という住宅選びの価値尺度

車道ではなく鉄道を中心に発展した日本都市

昨今は「多様性」が尊ばれる時代にあるが、こと住宅事情を見れば、日本人の意識は今も昔も変わらず「横並び」だと思えてくる側面がある。そこにある意識とは、「通勤距離」という価値尺度を最優先にすえた住宅選びであり、「働くこと」を第一に考える生き方だ。

戦後日本の大問題は、増え続ける人口だった。もともと戦前から、アジア諸国のなかでも日本は急激に人口が増加している国で、余剰人口をブラジルやハワイに送り込む政策を取っていた。朝鮮半島や大陸、台湾への侵攻は、それだけでは足りない増え続ける人口の受け皿を外国に用意することを狙った、ともされている。

戦争が終結して領土を失った日本では、この問題はさらに避けて通れないものとなる。海外に散っていた日本人が続々と帰国したからだ。1947年から49年に生まれた人々が団塊世代として人口のボリュームゾーンとなったのは、大量の人々が日本に戻り、戦争という異常事態から解放された結果、多くの子どもが誕生したことにある。

地方の農村だけでは到底賄《まかな》いきれない人々は、東京、大阪、名古屋などの大都市に流入した。また、国は工業の振興を目的に、1962年に全国総合開発計画を定め、工業整備特別地域とともに全国の15のエリアを新産業都市に指定する。人口の分散化と、人々に多くの職を与えるための施策だった。

こうして都市部に工場労働者として多くの人々を吸収するのと同時に、三大都市を中心に事務労働者の受け入れも強めた。彼らは事務能力を身につけ、毎月一定額の給与を受け取って働くいわゆる「サラリーマン」になった。彼らの多くは地方から出たあと、大都市で会社員としての職を得て、結婚し家庭を持つというライフスタイルを築いていくことになる。

そんな彼らを自宅から事務所まで運んだのが「鉄道」である。東京では、山手線の内側に私鉄の乗り入れができなかった。山手線内で開発が許されたのは地下鉄のみで、他の私鉄と明確な線引きがなされていたからだ。したがって、多くの鉄道が山手線の新宿や池袋、渋谷などの主要駅に接続しつつ、そこから都心に出るのは地下鉄やバス、都電などの路面電車を利用しなければならなかった。

一方、山手線内を中心とした都心部には、オフィスや商店、倉庫や工場など、種々雑多な建物を集めた街が形成されていき、地方から流入する人々が新たに居住するための土地はなかった。そこで、山手線ターミナル駅を起点として放射状に延びた私鉄各線は、東京の人口増加に合わせて郊外へ郊外へと路線を延ばしていくとともに、山を切り崩して住宅地を造成した。こうして新しい街＝ニュータウンをつくることで、彼らの住宅ニーズに対応していったのである。

私が以前勤務していた三井不動産の当時の事業内容が、この開発のさまを体現している。同社を率いていた江戸《えど》英雄《ひでお》氏は、神奈川県川崎市百合丘の台地をブルドーザーで切り崩し、大型の住宅団地を開発。さらに、この開発によってあふれ出た土砂をダンプカーで運搬し、千葉県・浦安沖の埋め立て用の土砂として活用した。住宅地と工業用地の二つのエリアを並行して創造する計画を立てたのだ。

江戸氏は、これこそが開発事業における一石二鳥、一粒で二度美味しい都市開発だと述べたと言われる。埋め立てによって生まれた浦安の広大な土地が、江戸氏が当初考えていた工業地帯としてではなく、幾多の変遷を遂《と》げながら現在は東京ディズニーランド／ディズニーシーに生まれ変わっているのは巷《ちまた》でも有名な話だ。一方の百合丘では、宅地開発に紐《ひも》づいて小田急線の駅として新百合ヶ丘駅が開業。この地に居を構えた都会のサラリーマンを毎朝毎夕運ぶ役割を鉄道は担った。

日本はアメリカなどと異なり、狭いエリアに多くの人が密集して暮らしてきた。東京はその最たる例だ。したがって、戦争で東京が焼け野原になったのちも、都内での道路整備は遅れ、結果的に鉄道を中心とした移動手段が用いられることになった。日本人がまだ貧しかったこともあり、モータリゼーションがいち早く進展したアメリカと比べて、車を買って通勤するような社会には成りえなかったのだ。

鉄道網の整備によって居住地も郊外へ

すし詰めの満員電車に揺られながら会社へと向かう、という首都圏で毎朝繰り広げられる光景が、戦後あたりまえのものになったのは、都市部への大量の人口流入と、それにともなって必要となった住宅供給が郊外へ郊外へと放射状に拡張していったことに重なる。

こうした現象を表す興味深いデータがある。東京大学合格者の出身高校別ランキングだ。このランキングは毎年、東京大学の合格発表終了後に様々なメディアで発表され、教育熱心な親たちが目を皿のようにして見入るデータだ。

旧制高校が廃止された1950年以降、しばらくの期間は東大合格者を多く輩出する都立高校は、日比谷高校や下町の上野高校、両国高校など、戦前から栄えていた東京東部の学校だった。ところが60年代を過ぎて70年代にもなると、それより西に位置する戸山高校（新宿区）、西高校（杉並区）、立川高校（立川市）などの合格者数が増加し、学校群制度の導入などの影響も含め、かつての名門校が凋落《ちょうらく》していった。

この間、ＪＲ中央線沿いを中心に、西へ西へと人口が拡大していくにしたがって、沿線に住宅を構えた中堅以上のサラリーマン家庭に育った子弟たちが、地元の学校から東京大学を目指したのだ。私立高校を見ても、小田急線沿線にある桐蔭学園など、郊外への人口拡散により生まれた優秀な子弟の受け皿として、大量の合格者を輩出した学校がある。

このように郊外部に大量の人々が移住して、多くの衛星都市が誕生していくのが戦後から平成初期にかけての日本の都市形成の姿なのだ。

地方には訪れたモータリゼーションの波

時代を経るなかで鉄道網だけでなく道路整備も進んでいったが、都心の道路は人々を運ぶバスやタクシー、工場や店舗に物資を輸送するトラックなどで常に渋滞を引き起こした。道路が狭く、駐車スペースも限られていたことから、混み合うことが避けられない都心部では、人々が通勤などの移動手段として自家用車を利用することは稀《まれ》だった。彼らが暮らす郊外住宅地と都心オフィスとはあまりに距離があったし、毎日渋滞につかまっていてはオフィスまで円滑に通勤ができない。交通事故が社会問題化するなかで、従業員の車通勤を禁止する企業も多かった。

それでも、日本の主要産業の筆頭格にまで成長した自動車業界のもと、大量に生産される車に憧れるサラリーマンは多かった。彼らは一生懸命働いて、新しい工業製品を買い集めることに心血を注いでいた。１９６０年代に三種の神器と持てはやされた「電気洗濯機」「電気冷蔵庫」「白黒テレビ」にはじまり、70年代に入ると「クーラー」「カラーテレビ」に「カー（クルマ）」を加えた３Ｃが流行るようになる。

都心部においては、彼らが買い求めた乗用車を通勤に使うことはなく、平日に専業主婦である妻が日々の買い物に使いつつ、休日に家族で遊びに出かける、近所に外食するときなどに乗るのが主な利用スタイルだった。

一方、地方においては事情が異なり、モータリゼーションが進んでいった。地方都市は、都会に比べて公共交通機関が脆弱であったことから、乗用車の普及が進むにつれて、多くの人々が工場や事務所への通勤の足として利用するようになる。乗用車は人々の移動距離を大いに延ばし、地方都市における郊外への住宅地の拡大を後押しした。

産業構造の変化も、地方都市における住宅の在り方に大きな影響をおよぼしている。モータリゼーションが進む以前には、地方都市では街の中心部に製造業の工場が鎮座し、そこに通う労働者たちは工場の周辺部に居住していた。彼らが毎晩のように集う飲食店街が形成され、仕事場には主に徒歩や自転車、オートバイなどで赴《おもむ》いていた。

ところが、円高により製造業の工場の多くがアジアなどに移転、製造よりも研究開発に主軸を置く企業が増えた。こうして日本国内での工場の規模縮小、製造物の変化などが進み、従来のような多くの工場労働者を必要としなくなっていった。地方の労働者もホワイトカラー中心となったことで、職場は街の中心部から郊外へと移り、呼応するかのように働く人々の住まいも郊外部へと拡散していく。

実際に、2021年の全国の世帯あたり乗用車保有台数が1・037台であるのに対し、福井県の1・715台を筆頭に、富山県、山形県、群馬県など地方では軒並み高い保有台数を記録している。逆に、東京都0・422台を最下位として、大阪府や神奈川県などの大都市圏における保有状況は低い水準にある。

大都市圏においては、充実した鉄道網が郊外住宅地の拡大をけん引したのに対して、地方都市におけるそれは、道路網の整備と乗用車の普及によるものであったことがこうしたデータからも裏付けることができる。

彼らはモータリゼーションの波に乗って乗用車を買い、工場や倉庫、ごちゃごちゃした中小商店街のある市街地中心部を避け、環境の良い郊外部に住むようになった。こうして同じ郊外エリアにある仕事場に乗用車で通勤し、郊外にできたショッピングセンターで買い物を済ませる、というライフスタイルを確立していく。

今や地方においては、1世帯に複数の乗用車を所有することがあたりまえとなり、成人家族が1人1台を保有することも珍しくなくなった。日本は乗用車の保有や維持に関して多額の税金を課せられ、ガソリン価格も高い。税制上の優遇が受けられる日本独特の「軽乗用車」というジャンルが発達したのも、地方都市におけるライフスタイルの変化と住宅需要に根差していているだろう。

工場労働から広がった「勤務時間」という概念

ここで少し時計の針を戻して、「勤務時間」の歴史を見ていこう。

「通勤」という概念がいつごろから登場し始めたかについては諸説あるが、「勤務時間」について明治以降の歴史を紐解いてみると、1868年の太政官布告《だじょうかんふこく》では、政府職員の出退勤は昼四ツ時（午前10時）から夕七ツ時（午後4時）までと定められている。休日については当時、太陰暦（旧暦）であったために曜日の概念はなく、1および6の日が休み、つまり月6日程度の休みがあった。

太陽暦（新暦）になった1873年以降は、1日を24時間として10時から16時と定められ、1876年3月からは土曜日が半日勤務、日曜日が休日になった。休日は現代のほうが多いが、当時の勤務時間は1日6時間にすぎなかったのだ。

1890年3月に発令された内閣訓令第2号では、政府職員の勤務時間は以下のように定められる。

◎4月20日から7月10日　午前8時から午後3時
◎7月11日から9月10日　午前8時から正午
◎9月11日から4月19日　午前9時から午後4時

ある種合理的な考え方で、暑さの厳しい季節はなんとたったの4時間勤務。その時期以外は1日7時間勤務で、季節に応じて出退勤時間を1時間ずらしている。今の勤務形態にも採用してほしいような柔軟な勤務時間設定がなされているが、この形態は1892年からは1日8時間勤務に改められ、現在の労働時間に近いものとなっている。

このように「勤務時間」という概念は官庁勤めから始まり、これが学校、企業、工場へと広がっていった。特に産業革命の進展から、多くの労働者が通うようになったのが工場である。

都市部における仕事は、それまで主体だった農林水産業とは異なり、工場での製造業が中心となった。工場での製品の製造にあたっては、多くの労働者が決まった時間に決まった作業を繰り返すことで、製造効率を上げなければならない。したがって、全員が同じ時間帯に、同じ場所に集まらなければならなかった。

工場労働者を管理するホワイトカラーにとっても、労働者が勤務する時間帯にそばにいて、彼らの作業を監督しなければならない。出来上がった製品を運搬する手配、資金の取り引きなど、相手先とのやり取りにおいても、関係者全員が同じ時間帯に行動していないと効率が保てなくなる。こうして必然的に「勤務時間」というものは決まってきた。

ただし、労働者を工場まで運ぶ交通機関については、1903年に東京電車鉄道という路面電車ができたものの輸送能力は貧弱で、当時の紡績工場などでは女性従業員の多くは寄宿舎に収容された。他の従業員も工場近くから徒歩で通うことが多く、一つの工場で外部から通勤する従業員の割合は3割から5割程度であったという。

そこから日本で「通勤」という概念が市民権を得ていくのは日露戦争後、地方から東京など大都市圏に大量の人が流入を始めたころからだ。官庁や企業、工場も次第に大規模化し、寄宿舎で受け入れるだけでは足りず、大量の労働者を通勤させて働かせる必要が出てきたからだ。この動きに合わせて次第に鉄道網が敷かれるようになり、「朝夕の通勤風景」というものが見られるようになる。

「通勤」という概念は工場労働を基本として生まれ、戦後にかけてさらに鉄道網が敷かれるにしたがって、「通勤時間」という概念と合わせて一般の人々に定着していったというわけだ。

サラリーマン社会が生んだ「通勤時間ファースト」な価値観

こうした感覚は、時代を経て産業構造が大きく変化してもあまり変わってはいない。

戦後に顕著になったサラリーマンによるマイホーム取得は、都心部にある職場への「通勤」という前提のもとに形成された。多くの会社は朝9時に出社し、夕方5時か6時まで勤務することを雇用条件にしている。もちろんこれは原則で、実際は9時よりも前の早朝からの勤務を事実上要求している会社も多いし、残業をしないで定時ぴったりに帰宅の途につけるサラリーマンは働き方改革が進んだ現在でも少ないだろう。

特に昭和のサラリーマン社会では、長時間残業はあたりまえ、上司が帰宅するまで部下たちが「お先に失礼します」と挨拶して退勤することを良しとしない環境が長く続いてきた。いまだに定時すぐに帰宅することに対して、気を遣わなくてはならないサラリーマンも少なくないだろう。そこには、日本企業が従業員に求めてきた滅私奉公の精神が見て取れる。

忠実に職務を遂行することを第一に求められるサラリーマン社会の基本から考えれば、住宅選びにおいても、忠誠を誓う会社への通勤がいかにスムースにできるかが優先事項となる。家から最寄りの駅までどのくらいか、駅で電車に乗って都心までどのくらいかかるか、途中何回乗り換えるか、乗り換えに要する時間はどうか、到着駅から会社のあるオフィスビルまではどのくらいか。これらをすべて合わせた「通勤時間」が最大の関心事となる。

多くの鉄道では、日中の所要時間が朝夕のラッシュ時間帯のそれとは異なる。ラッシュ時は運行本数が多くてスピードが鈍るのと、停車する各駅での乗客の乗降に時間がかかるからだ。通勤するサラリーマンは通勤距離だけでなく、通勤時間帯の運行本数、乗車時間、通勤に要する体力などのチェックポイントを念頭に置きながら住宅地を選ぶことになる。

少しでも早く会社に到達するためには、普通電車よりも急行や特急を選択する。だから、急行停車駅が最寄りの住宅地は人気が出る。鉄道会社も乗客の需要に合わせ、通勤特急などのラッシュ時特別電車を運行する。

今でも通勤時間優先の考え方が続いていることが顕著に現れたのが、2024年春にネット上などで物議を醸《かも》したJR京葉線のダイヤ改正に関する騒動だ。コロナ禍を経た勤務体系の変化、各駅停車駅の利便性の向上などを理由として、朝夕ラッシュ時の快速電車を廃止するとJR東日本が発表したのである。この改正によって、朝の通勤が20分以上も延びる利用者が出現することがわかると、地元自治体の首長までもがJRに対してクレームを出す事態に発展した。

地元不動産業者にとってもこれは死活問題だ。通勤時間が延びることは、通勤距離が延びることに等しい。地理的な距離が同じでも、東京都心にあるオフィスに通うことが前提の住宅選びである限り、住宅地としての価値は下がる。地元不動産業者からすると、エリアの人気に大きな影響をおよぼすダイヤ改正はありえない。

本来、住宅地としての価値は、都心までの交通利便性だけで決まるものではない。むしろ重要なのは住環境だろう。閑静《かんせい》で落ち着いた街並み、自然環境の良さ、充実した商業店舗、いざというときの医療施設、質の高い教育、災害に強い地盤、犯罪の少ない治安の良さ、住民同士のコミュニティ。多くの要素から考えていくべきものである。

ところが、多くのサラリーマンにとっては、住宅はただ寝に帰るためだけの場所として判断されてきた。昭和から平成初期にかけては、父親だけが通勤する片肺エンジンの家庭が大半であり、一家を支える大黒柱の父親の「通勤」という価値尺度がまずは優先され、それに続いて商業施設などの利便性の充実度が評価されてきた。

これは共働き世帯が増えた現在でも、その傾向は強まりこそすれ、弱まることはない。新築マンションの広告でまず語られるのが、「最寄り駅まで徒歩で何分かかるか」であり、今や「駅徒歩7分以内でないとマンションとしての価値はない」とまで言われている。駅までの距離がまずもって重要で、加えてその駅に急行が停車するのか、都心ターミナル駅まで何分でアクセスできるのか、などがマンションを選ぶ際の価値尺度になっている。

たしかに駅まで歩いて行けることの利便性は重要な指標であるが、その指標のみで快適に暮らせるという保証にはならない。駅という物理的な存在を絶対視する価値観は、まさに「通勤距離」という価値尺度が圧倒的に優先される日本社会の構図から生まれている。

ちなみに、総務省「平成28年社会生活基本調査」によれば、通勤時間が長時間におよぶ都道府県別ランキングとして、1位の神奈川県で1時間45分、2位の千葉県で1時間42分、3位の埼玉県で1時間36分、4位の東京都で1時間34分と、上位を首都圏の各都県が独占している。このデータは往復時間なので、片道に換算すれば毎日の生活時間のうち、片道50分程度を通勤に割くのが標準的ということになる。

マイホーム信仰は農村出身者が生み出した？

それでは、こうして「通勤距離」をもとに選ばれてきた住まいとは、どのようなものだったのであろうか。

高度経済成長期からバブルが崩壊する平成初期にかけて、社会通念として「マイホーム」の概念が広がり、「一国一城の主」といった表現がメディアでさかんに取り上げられた。繰り返しになるが、地方から都会に出てきた多くの青年たちは結婚して家庭を持ち、家族を「食べさせる」ために猛烈サラリーマンとなった。そんな彼らは故郷に戻ることはなく、自分たち家族が安心して暮らすことができる住処としての「マイホーム」を求めたのだ。

戦前までの東京は、郊外部の多くがまだ田園地帯だった。今は超高層オフィスビルが立ち並んでいる渋谷や青山近辺でさえも、長閑《のどか》な田園地帯だったという。そうした様子は北杜夫《きたもりお》による小説『楡家《にれけ》の人々』において詳しく記述されている。また、住民の多くが貸家住まいだった。古典落語にもよく江戸の長屋の話が出てくるが、長屋の住民というのはみんな賃借人だ。

個人的な話になるが、私の母方の祖父は東京都千代田区一番町に住んでいて、長い間借家暮らしだった。オーナーは近所の酒屋で、周りでも借家住まいは珍しくなかった。戦後も自ら事業をやっていて比較的裕福な人だったが、「家を買う」という発想はほとんど持ち合わせていなかったように見える。

ところが戦後、地方から都会に転入してきた人々の多くは、農村部の出身だった。農家にとって米や野菜が耕作できる土地は、命の次に大事な存在だ。小作人のままでは豊かな暮らしは叶わない。彼らにとって都会に出てきて「成功」した証しとなるのは、田畑に代わって、「自分の土地＝マイホーム」を持つことだった。

サラリーマン生活には、農業とはまた異なった厳しさがある。会社組織に縛られ、思うような出世ができずとも、定年まで歯を食いしばって耐えながら、仕事人生を完遂させなければばならない。そんななかで家が借家であれば、大家にも気を遣わなければならない。

せめて家だけでも手に入れて、「一国一城の主になりたい」というのが本懐《ほんかい》だった。盆や暮れに実家に戻ったとき、農家を営む親たちに向かって自分が手に入れた家の写真を見せることで、あるいは両親を東京旅行に誘い、家に招くことで、自らの頑張っている姿を誇示《こじ》することができた。

農民というDNAが、彼らを家の取得に向かわせた背景の一つにあるだろう。こうしたニーズに応えるべく、網の目のように鉄道を張り巡らし、郊外部に大量の住宅団地を開発していったのが、1960年代から70年代にかけて東京などの大都市郊外部が形成されていく姿だったわけだ。

農家出身の彼らが好むのは、同じ家でも長屋でないことはもちろん、マンションのような共同住宅でもなかった。マンションは1953年に東京都が分譲した渋谷の宮益坂ビルディング（2020年8月建替え）を皮切りに、都会的な居住形態として定着し、現在はストック数700万戸にまでおよんでいる。

しかし、地方から都会に出てきた彼らの多くは、マンションはあくまでも土地付き一戸建てを取得するまでのステップにすぎないと位置づけていた。マンションでは土の香りを嗅《か》ぐことができない、隣戸と壁一枚で接する家は本当の家とは言えない、と彼らは考えたからだ。

持ち家をゴールとする「住宅すごろく」の変化

ここに登場するのが「住宅すごろく」だ。地方から出てきて、都会に下宿しながら大学に通う。卒業して地方に戻る選択肢はなく、都会に残って会社に就職する。大きな会社であれば社員寮に、そうでない会社なら賃貸アパートに住むことから、すごろくの賽《さい》は振られる。

30歳までに結婚しないと、地方の実家はおろか社内からも「おい、どうしたんだ。早く身を固めろ」と言われる時代だ。男女交際の場は少ないので社内で相手を探すことが多く、実際に平成初期までは、多くの大企業において社内恋愛からの社内結婚がごく普通に見られる婚姻パターンだった。

女性社員という存在は、暗に男性社員のお嫁になるための要員と見なされ、大企業の多くはなるべく家柄の良い、素直で優しい女性を優先して採用した。女子短期大学が就職に強かったのは、卒業生の学力や将来的な成長を見込んでという意味合いよりも、エリートサラリーマンのお嫁さん候補として人気が高かったからだ。

そうして結婚をすると、当分は社宅住まいとなる。社宅というのは会社生活の延長のような存在で、同じ社宅で暮らす家族同士のコミュニケーションも大切にされた。ここで情報交換しながら、やがて係長、課長と夫が出世していくと、自然と社宅を出て家を買うステップに移る。会社の福利厚生施策として、家族手当だけでなく、家を買わせるために住宅手当を手厚く支給することは極めて重要で、なかには住宅ローンの面倒を会社が見るところも多くあった。

私は三井不動産に勤めていた平成初期にマンションを購入した経験があるが、会社から当時では考えられないほど低金利の住宅ローンが支給された。社内融資で賄えない部分は住宅金融公庫の低利融資を利用することで、銀行の住宅ローンによる調達を考える必要がなかった。

だが、当時の私も含めた多くのサラリーマンにとって、マンション住まいはあくまでも戸建て住宅購入までのステップにすぎないと考えられていた。不動産価格が上昇を続けるなかでの最終ゴールは、あくまでも戸建て住宅だったのだ。

この「住宅すごろく」に変化が現れるのが、1990年代半ば以降のライフスタイルの変化だ。産業構造の変化にともなって、都心部にあった工場や倉庫が撤去されていくと、その跡地には容積率のアップが許され、超高層マンションが建設できるようになった。

それと軌を一にするように家族形態も大きく変容して、夫婦共働きがあたりまえになる。総務省労働局の調査によれば、2023年の専業主婦世帯数は517万世帯であるのに対して、共働き世帯数1278万世帯。割合で言えば3対7と圧倒的で、現在は共働き世帯が家族の標準形となっている。それまでの家族形態は夫のみが都会に出て働き、妻は家を守り子どもを育てる、という家庭内分業体制にあったものが、夫婦ともに職業を持ち、共同で子育てする形に変容したのだ。

もともとサラリーマンと専業主婦という家庭内分業体制が確立される前、農業や自営業を営む家庭が多かった時代には、夫婦共働きはあたりまえの光景で、子育ても家族で行っていた。そこから核家族化が進み、さらには夫婦がともにオフィス勤務する家庭が増えると、保育園の送迎などの必要が発生する。

そうなれば、家は職場に近いに越したことはない。マンションであるか、戸建てであるかよりも、「都心部に住む」ことが重要となり、戸建てで土の香りに親しみを持つ感覚は薄れていった。むしろマンションという居住空間の便利さ、気楽さに好感を抱く。都会で人間関係に否応なしに付き合わされている企業勤めのなかで、安息を求めることができるのは戸建て住宅よりも、他人からあまり干渉されないように見えるマンション。都心マンションに住むことは、現代の暮らしのスタイルにマッチしたのだ。

持ち家志向は維持されながらも、時代の流れに即して居住形態がマンションにフォーカスされたのが、地方出身の親を持ち、自身は東京出身である世代の特徴なのだ。

図表７　SUUMO「住みたい街ランキング2024」上位20エリア

順位	駅　名	順位	駅　名
1	横　浜	11	渋　谷
2	大　宮	12	鎌　倉
3	吉祥寺	13	中目黒
4	恵比寿	14	武蔵小杉
5	新　宿	15	流山おおたかの森
6	目　黒	16	舞　浜
7	池　袋	17	船　橋
8	品　川	18	中　野
9	東　京	19	桜木町
10	浦　和	20	表参道

出典：リクルート発表の「SUUMO 住みたい街ランキング 2024 首都圏版」をもとに作成

「住みたい街ランキング」から見る住宅選びの現在地

近年の「都心居住人気」を表す傾向は、様々なデータからも見て取れる。

毎年メディアの注目を集める住宅ランキングに、リクルート社が発表する「ＳＵＵＭＯ住みたい街ランキング」がある。

本書執筆時点での最新版である２０２４年のデータを見てみよう。これは２０２３年11月13日から23日の11日間で、首都圏（１都３県）に茨城県を含むエリアの20歳から49歳の男女９３３５名に、住んでみたい街を最寄りの駅名から選んでもらったインターネット調査を基にしている。〈図表７〉

その発表によると、上位10位まではいずれもＪＲ主要幹線の駅にある街が選ばれた。都心居住への憧れを示すこの傾向は近年顕著であるが、新宿（５位）、池袋（７位）、品川（８位）、東京（９位）、渋谷（11

位）といった山手線の主要駅名が上位に並ぶにいたっては、違和感を覚える読者も多いだろう。

これらの駅からアクセスできる住宅がないことはないが、たとえば1位になっているJR横浜駅を選ぶ回答者は、横浜のイメージとしてみなとみらい周辺や山下公園、山手町付近など、いろいろな情景を思い浮かべて投票しているように思える。それに比べて、東京駅に徒歩でアクセスできる住宅などは、単なる憧れどころか、冗談に近いレベルで投票しているのではないかと疑ってさえしてしまう。こうした調査はとかく、人気投票である側面が強いうえに、調査会社の住宅販売政策上の意向が込められたものになりがちだ。

それはともかく、このデータを時系列で見ると面白い傾向がわかってくる。２０１０年における同じ調査で上位にランキングされた街が、２０２４年の順位ではどうなっているか比べてみよう。２０１０年にはベスト10に自由が丘（3位）、二子玉川（5位）、下北沢（9位）がランクインし、代官山（11位）がこれに続いている。ところが、２０２４年には最高でも自由が丘の27位であり、ベスト20にすら一つも入っていない。〈図表8〉

これらの街はいわゆるおしゃれタウン。今でもそのブランド力は健在ではあるものの、この十数年の間に、ブランド品を追いかけ街を歩く人の姿はずいぶん変貌した。

最近の若い人たちの間では、自由が丘や代官山でお洒落《しゃれ》のために少し高い服を買う、とい

図表8　SUUMO「住みたい街ランキング2010」上位20エリアの順位変化

駅　名	2010年順位	2024年順位	駅　名	2010年順位	2024年順位
吉祥寺	1	3	**代官山**	**11**	**92**
横　浜	2	1	中　野	12	18
自由が丘	**3**	**27**	川　崎	13	32
鎌　倉	4	12	中目黒	14	13
二子玉川	**5**	**34**	目　黒	15	6
新　宿	6	5	武蔵小杉	16	14
恵比寿	7	4	三　鷹	17	33
池　袋	8	7	品　川	18	8
下北沢	**9**	**51**	渋　谷	19	11
大　宮	10	2	たまプラーザ	20	44

出典：前掲および同社発表の「2010年版関東編 みんなが選んだ住みたい街ランキング(総合)」をもとに作成

った消費行動そのものが消滅しつつあるのだ。ファストファッションで決して恥ずかしいとも思わないし、普段着はユニクロでかまわない。家具は小洒落たブランド家具でなくても、ニトリで十分。フランフランでこだわりのキッチン雑貨をそろえなくてもよい。

むしろ「ららぽーと」があればよいのに、と多くの若い人たちは思う。豊洲のタワマンに住んで週末はららぽーとでお買い物、こちらのほうが合理的で現代の生活にフィットしているのだ。

そうした目で2024年のランキングをもう一度見ると、会社に通勤するのに一番便利だろうなと思われる「JR主要幹線の主要駅」が人気という、何とも味気のない選択がされているように思えてくる。

こうした調査を見るにつけいつも感じるのが、多くの人たちが選ぶ住みたい街が、単なる通勤の利便性を最優先にして考えられているように見えることだ。自身の人生観、家族観、生活そのものに対する価値観といった要素を、どうもこれらのランキングから感じ取ることができない。

コロナ禍を経て、必ずしも毎日通勤をすることが必要ではない業種・職種が特定化されつつあるなかでも、「通勤ファースト」の価値観は揺るがないどころか、ますます強まっているように思えてくる。

第五章――オールドタウン化するニュータウン

住宅難解消という住宅公団に課せられたミッション

前章では、「通勤距離」に基づいた住宅選びが、高度経済成長期ごろから郊外へと人を集め、近年では都心人気に結び付いていることを見てきた。この章では、こうした世代間の行動変容によって、郊外住宅地が衰退している様子を詳しく見ていこう。

1950年代から70年代にかけて、地方から都市部に大量に流入した人々の受け皿となった住居が「団地」である。

日本住宅公団は1955年に設立され、地方から流入するサラリーマンの住宅を提供する役割を担った。都市郊外部を開発・造成し、宅地として供給。あるいは地上5階建て程度の鉄筋コンクリート造のアパートを建設。これらは主に賃貸住宅として提供され、供給者の名前をとって公団団地と呼ばれる集合住宅となった。

団地は大型のものになると、敷地内に生鮮食料品店やクリーニング店、銀行や郵便局などのサービス施設を備え、夏になると団地内で盆踊りや夏祭りなどが開催されていた。

各住戸は、面積が40㎡程度の2DKが中心の間取りだった。当時はダイニングキッチンという概念自体が新しかったうえ、トイレは洋式便器で水洗、独立した風呂が併設されている。これらは今となってはあたりまえだが、当時は最新設備であり、入居者にとって団地は憧れの住宅だった。

賃料は当時のサラリーマンの月収を考えるとやや高い水準に設定されており、中流サラリーマン向けというよりも、高額家賃負担に耐えられる比較的裕福なエリートサラリーマン向けだったと言える。人気の団地は手に入れることが非常に難しく、競争率は数十倍。抽選に落選した回数が増えると当選確率が上がる仕組みまで導入されたが、それでもなかなか当たらない状況だった。住宅困窮者が増え続ける一方だった三大都市圏などでは、公団団地は高嶺の花とも言える存在だったのだ。

大量の団地を建設した日本住宅公団は、やがて賃貸だけでなく分譲の団地も供給するようになる。1981年に「住宅・都市整備公団」、99年に「都市基盤整備公団」、そして2004年に関連する公団などを吸収して「都市再生機構（UR）」と、その名称を変化させながら、地区計画の策定や市街地再開発事業にも手を広げていく。

さて、このかつてのエリートサラリーマンたちが好んで居住した団地は、実際にどのくらいの数が供給されたのだろうか。URのデータによれば、2013年3月末時点でURが管理する賃貸団地は全国1732団地、戸数にして75万8977戸ある。

地域別には首都圏（ここでは1都3県に茨城県を含む）で911団地41万8445戸にのぼり、全体の約半数が首都圏で供給されていることになる。以下、関西圏で429団地20万8676戸、中部圏139団地5万8598戸、九州圏172団地4万8414戸となる。

年代別では、昭和40年代に非常に多くの団地が建設、運営されており、その数は373団地32万745戸にのぼっている。いかに住宅困窮者であった当時のサラリーマンにとって、団地が求められる住居だったかがわかる。

「ベッドタウン」として開発された日本のニュータウン

団地とともによく語られる「ニュータウン」という言葉は、1944年に公表された「大ロンドン計画」に登場する。これはイギリス・ロンドン大学の都市計画家であるパトリック・アバークロンビー教授が立案したもので、人口が過密化するロンドンを中心として、同心円状に内側から「内部市街地」「郊外地帯」「グリーンベルト」「周辺田園地帯」の四つのエリアに区分けして、人口分散を図る計画だ。

これにはロンドン市街地が無秩序に拡大することを防ぐ目的もあり、中心から20キロから30キロに相当するエリアである「グリーンベルト」における開発を禁止したうえで、そのさらに外側の「周辺田園地帯」に新たな都市＝ニュータウンを築いていく構想だった。こうして複数の新たな衛星都市を築き、新しい産業を勃興させ、中心市街地とは別の人口集積を行うことで、独立した都市圏をそれぞれに形成していく。これが大ロンドン計画の基本理念だ。

この大ロンドン計画にならったのが、1956年に制定された首都圏整備法と言われている。このときに策定された第一次基本計画では、東京駅から半径約100㎞圏内にあたる広域を首都圏として（その後1都7県全域に拡大）、「既成市街地」「近郊地帯」「周辺地域」に分けて整備していく方針を持っていた。「既成市街地」は東京都の特別区や横浜市の一部などがあたり、郊外の「周辺地域」に新しい都市を形成することを目的に、既成市街地との間に「近郊地帯」として先の「グリーンベルト」を設置するという、当時としてはきわめて意欲的なものであった。

ところが、このグリーンベルト構想は、地元住民の反対や急速な住宅不足などの事情によってとん挫することになる。1965年に改正された第二次基本計画で、あらためて「近郊整備地帯」が設定されたが、大ロンドン計画のように開発を抑制するのではなく、計画的な整備に加えて緑地を保全するという程度にとどまり、グリーンベルトとしての意味合いは大幅に後退することになった。

その後、1968年に制定された都市計画法においては、市街化区域や市街化調整区域といった基準を設定する形での緩やかな規制となり、東京郊外にできた多摩ニュータウンや大阪の千里ニュータウンなど、日本におけるニュータウンは、あくまで大都市に通勤をする人のための「ベッドタウン」としての機能が強い街として造成されていくことになった。

それでは、こうして生まれた日本のニュータウンは、これまでにどのくらいの数が建設されてきたのだろうか。

国土交通省では、1955年度以降に建設されたニュータウンについてリスト化して公表している。ニュータウンの定義としては、次のように規定している。

①1955年（昭和30年）度以降着手の事業
②計画戸数1000戸以上または計画人口3000人以上を計画したエリアのうち、開発面積が16ha以上のもの
③郊外での開発事業であること

この定義に当てはまる全国のニュータウンは、2016年3月末時点の計画地区数で2022カ所、面積にして18・9万haにもおよんでいる。これは大阪府の面積約19万haに匹敵し、全国の市街化区域の実に13％がニュータウンということになる。いかにその規模が大きいか

想像できるだろう。

驚くべきは、今でも計画段階のニュータウンが存在していることだ。事業が終了したニュータウンが1901カ所とされているので、残りの121カ所は計画段階にあることになる。

住民が一斉に高齢化して今やオールドタウンに

団地とニュータウンの成り立ちを見てきたが、それらの年度別の事業開始地区数の推移を見ると、昭和40年代後半が供給のピークであることがわかる。

これは裏を返すと、多くの団地が現在では築45年以上を経過していることを表す。住民の高齢化も激しく、もはやニュータウンではなく「オールドタウン」となっていることがよく取りざたされる。

例を挙げると、茨城県取手市にある井野団地は、1969年（昭和44年）に入居が開始されたニュータウンだ。入居開始5年後に相当する74年4月には2127世帯、人口7535人が入居していたが、50年後の2023年4月では、世帯数は1633世帯、人口は2495人と、なんと3分の1に減少している。現在この地区で65歳以上の人口が総人口に占める割合である高齢化率は、22年10月時点で52・9％にものぼる。街に住む人の半分以上が高齢者ともなれば、まさしくオールドタウンだ。

全国の団地のなかには古いもので築60年を超えるものもあり、建物の老朽化の問題も深刻だ。賃貸棟について、URは順次建替えを進めているが、高齢化した住民のなかには寝たきりになり、部屋から動くことが困難な人もいる。一時的に仮住居を設定するための交渉を要するなど課題を多く抱える。

特に分譲された団地は、管理組合が主導して建替えを行わなければならず、区分所有者の同意を取り付ける困難が加わる。当時は最新だった住戸の仕様も、設備が老朽化しているうえ、その後のライフスタイルの変化に追いついておらず、不動産マーケットに売却に出しても買い手が現れることは稀だ。

おまけに、今となっては狭小な面積に2DKなどの画一的な間取りが多い団地は、子ども世代の生活環境に適しておらず、仮に実家への愛着はあったとしても、同居はおろか、そもそも団地内に住むことを躊躇《ちゅうちょ》するような仕様となっている。

公団は戦後の住宅難という社会課題を解決するべく、一時期に団地という規格型住宅を大量に供給してきたが、そのことは開発時期に同じような年齢層の住民が一斉に入居することと結び付く。その結果、住民の高齢化が一気に進むわけだ。

高齢になるほど連れ合いが亡くなって単身者となりやすい。身体が言うことを利かなくなると外に出歩くことも少なくなり、コミュニケーションがとりづらくなる。結果として住戸内で孤独死するなどの事象が頻発している実態がある。

団地内にあった商店などもオーナーの高齢化で店じまいし、住民の買い物難民化も進んでいる。こうした環境では、住み替え需要などを見込めるはずもなく、場所によっては多くの外国人が住みつき、新しいコミュニティを形成し始めている団地も出現している。

外国人の移住はカルチャーギャップから住民間トラブルを巻き起こすなど、新たな課題も生んでいるが、それでも住む人がいるだけマシかもしれない。街に新しい人が流入してこない限り、人の新陳代謝が生じることなく、高齢化率は上昇を続け、やがて住民全員が死に絶える時期が来れば、街の寿命までもが尽きてしまう姿が容易に想像できる。

なぜ団地は「駅近」に立地していないのか?

一般的に民間が供給するマンションは、「駅近」であることを最優先にするため、駅から徒歩で十数分圏内の立地に建てられる。それに比べるとニュータウンは、駅から遠い場所に建設されてきた傾向がある。ニュータウンはその多くが、戸建て住宅と公営団地が組み合わされていて、より駅に近いほうに戸建て住宅、その先に公営団地を設けることが多かった。

その背景にあるのが、いわゆる「下駄履き団地」という考え方だ。住宅難の解消を目的として供給されたニュータウンの多くは、開発面積を広く取って、とにかく「量」としての住宅の充足を目指すものだった。

多くの人が新たに暮らす街＝ニュータウンとなるには、住民の生活利便性も確保しなければならない。近年は住宅街の整備にあたって、大型のショッピングセンターを招致するといった発想に立つことも多いが、これは出店規制の緩和にともなって生まれたものだ。

当時もダイエーやイトーヨーカ堂など、総合スーパーマーケットはすでに各地に大型店舗展開を行うようになっていたものの、商店街や地元に根づいた小売店を保護することに社会的な関心が大きく、1973年10月に大規模小売店舗法（大店法）が制定されるなど、大規模小売店舗の出店については厳しい規制がかかっていた。

1991年にこの大店法は改正され、2000年には廃止して新たに大規模小売店舗立地法となるなど、その後は規制緩和の道をたどっていくが、それ以前に開発された多くの団地は、団地の低層部分に中小の小売店舗を誘致するという手法を採用していた。そのため、公営団地は多くの住民を抱えるだけでなく、小売店舗を擁することとなり、ニュータウン周辺のどこからでもアクセスの良い場所に構える必要性があった。

都心部への通勤を意識した「ベッドタウン」として開発された郊外ニュータウンではあるが、当時はまだサラリーマンと専業主婦という家族構成が主流。駅に出て電車に乗り降りするのは夫が中心で、日常の買い物は妻が担う。そうなると、ひたすら駅に近いこと以上に、どの家からも徒歩や自転車でアクセスできる街の中心部に立地していることが望まれたわけだ。

しかし、ライフスタイルが変化した今となっては、住民の高齢化もともなって、こうした立地はあだとなっている。

神奈川県横浜市郊外にあるニュータウンの例を見てみよう。ここは70年代前半に造成された瀟洒《しょうしゃ》な一戸建てが並ぶニュータウンで、分譲当時は都内に勤務する大企業サラリーマンを中心に、多くの人が買い求める人気エリアだった。しかし、50年近く経ち、住民の多くはリタイアした世代となっており、もはや往年の活気はない。

最寄り駅までバスで20分、そこから都心まで電車でさらに1時間以上かかる。このバスも減便されていて、日中は1時間に1本、時間帯によってはまったく走っていない状態だ。これでは通勤時間を極力短くしたい今の若者に人気が出るとは到底思えない。住環境としても、エリア内にあったスーパーは撤退しており、小学校も統廃合されて通学に支障が出ている。小さな子を連れたファミリー層にとって暮らしやすいとはとても言いがたい。

このエリアにある実家を相続した知り合いの話では、利用するアテがないので売却しようと不動産業者に査定に出したところ、査定額は路線価評価額以下の１８００万円で、それでも売れるかわからないという回答が返ってきたという。

賃貸に出すことも考えてはみたものの、これらの条件下ではさらに需要がないことは明白だ。諦めてその値で売りに出すことにしたが、半年経っても問い合わせすら来なかったそうだ。

それでも、このケースはまだマシなほうだ。売れていないとはいえ、査定額として1800万円はついている。東京都心までは遠くても横浜市内にあるため、市内に車で通勤しているような人が見つかれば、まだ売れる余地もあるだろう。

首都圏郊外では、すでに価格査定すら困難になったニュータウンが続出している。第三章で大都市圏郊外の空き家問題について触れたが、これはまさにニュータウンのオールドタウン化によって顕著に表れている問題だ。ニュータウンにおける相続はいよいよ本格化していく。全国2000カ所近くのニュータウンにある家を相続し、途方に暮れる人たちが続出するのは、すぐ目の前のことなのだ。

コメダ珈琲店がニュータウン住民に人気なワケ

ニュータウンのオールドタウン化を別の角度から表す例として、「コメダ珈琲店」を取り上げよう。

コメダ珈琲店は1968年に名古屋で創業した歴史のあるカフェだ。90年代にフランチャイズ展開をするようになってから積極的に経営を拡大。まずは中京圏で店舗網を充実させ、2003年に関東圏、2006年には関西圏に進出する。コメダは2023年2月期で売上高378億円、営業利益80億円を計上しており、手がける総店舗数は全国で987店ある。内訳は中京圏314店、関東圏314店、関西圏322店舗と、全国的に釣り合いの取れた店舗網を築くことに成功している。

米国におけるコーヒーの歴史を紐解くと、インスタントコーヒーが流行ったのを第一の波とすれば、スターバックスやタリーズといったシアトル系コーヒーが流行ったのが第二の波、そしてブルーボトルに代表される産地重視のコーヒーが第三の波で、これは業界で「サードウェイブ・コーヒー」と呼ばれる。

スターバックスやタリーズが高感度な都市住民に対して深煎りのコーヒーを提供し、ブルーボトルが産地へのこだわりによって人気を博してきたが、いずれも都市型立地の展開をしてきたことは共通だ。それに対して、コメダ珈琲店の店舗展開は、郊外立地を中心とした路面型のカフェを志向する独自の戦略を取っている。

コメダ珈琲店の特徴は、まずはメニューにある。コーヒーだけにこだわらず、コーヒーに合わせた各種スイーツを提供。特にコメダが開発し、70年代から提供されているシロノワールはその代表選手で、今でも看板メニューの一つとなっている。

食事も充実させ、名古屋出自らしくモーニングを提供するのはもちろん、ランチメニューとしてサンドウィッチやハンバーガー、スパゲティなどとコーヒーを組み合わせるセットメニューを開発。カツパンなどの独自メニューと合わせて、昼間の需要の取り込みに成功してきた。

通常、カフェはコーヒーなどの飲み物を中心とした提供になるため、長居をさせずに回転率を高めることに腐心する。セルフサービスを基軸とした店舗を展開してきたスターバックスやタリーズに対して、コメダ珈琲店は広々とした店内にゆったりとしたソファを設《しつら》え、一杯ずつ丁寧にハンドドリップしたコーヒーと、豊富な食事メニューを組み合わせることで客単価を上げ、あえて店内に長時間滞在させる戦略を取っている。いわば、「滞在型カフェ」として打ち出し、時間に余裕のある人たちに照準を絞ったのである。

この戦略が郊外ニュータウンでヒットしている。70年代から80年代にかけてニュータウンに居住を始めた人たちのほとんどが、仕事をリタイアして街に滞留している。ところが、入居当時にあった自営の店舗は、住民の減少と高齢化を受けて次々と撤退。古くなった家屋だけが並ぶ街になったところに、コメダ珈琲店の戦略がフィットしたのだ。

時間を持て余しているニュータウン内の高齢者にとって、コメダ珈琲店は格好の暇つぶしの場所となっている。寂しさを感じたら、地元のコメダ珈琲店に出かければ近所の高齢者に

コメダ珈琲店 佐倉王子台店

編集部撮影

会うことができる。食事メニューも充実しているから、ランチを兼ねて何時間でもいられる。そのうちに続々と他の住民たちも来店する。これまでは地元のクリニックなどに集まって、健康話のついでにおしゃべりしていたところから、「普段着」で出かけ、美味しいコーヒーと食事を味わいながら品の良い内装の店で長話ができる場所として、コメダ珈琲店の心地良さがウケているのである。

　たとえば、コメダ珈琲店の千葉県内での出店リストを見ると、県内32店舗の多くが、松戸市のニュータウンである牧の原団地、佐倉市の王子台、印西市の千葉ニュータウン内など、ニュータウン住民を狙った展開をしていることがわかる。

　肩肘張らずに気軽に高齢者が来店できる、いわば第四の波とも言えるこの戦略を、他のコーヒーチェーンも続々と採用している。ドトール・日レスホールディングス系列の星乃珈琲店、銀座ルノアール系のミヤマ珈琲、トリドール系のコナズ珈琲、などが郊外ニュータウンのロードサイドに出店。車でやってくる高齢者が駐車しやすいように、広々とした駐車場を完備し、同じ街に住む者同士でいつまでも気軽にすごせる場を提供している。

こうした戦略は、オールドタウンの住民がさらに高齢化し、医療施設や高齢者施設に入居するようになったり、車の運転が難しくなったりするまでは成功し続けそうだ。だが、見方を変えれば期限付き、オールドタウンに咲く最後の花となる可能性もある。

第六章——一代限りで終わるマイホームの宿命

一生の買い物でもマイホームは受け継がれない？

日本人の住宅事情の変遷を振り返ると、結局、戦後たくさんつくられた家々の多くは、一代限りで「家」という役割を終えざるをえない運命にあるのだと感じさせる。

厚生労働省の発表によれば、日本人の平均寿命は２０２２年で男性が81・05歳、女性が87・09歳だ。１９８０年では男性73・35歳、女性78・76歳だったので、42年間で男性は７・７歳、女性は８・33歳も延びていることがわかる。

長生きすることについては世の東西を問わず、おめでたいこととされる。だが、この現象を住宅マーケットで考えてみると、親が長生きになった結果、その親が亡くなる80代から90代になると、家を含めて財産を相続する子どもはすでに50代から60代であり、孫の世代さえ大学生や社会人となって家を出ていることも珍しくない。

それぞれが生活圏を持っているなかで、相続した家に引っ越そうという動機は生まれにくい。第三章で「空き家問題」に触れたが、今は戦後二世代の相続を迎えている時代だ。そこには、現代日本社会における住宅継承の世代断絶がある。

三世代同居などの大家族世帯が激減し、核家族化が進行していると議論されたのも、もはやはるか昔の話。地方ならともかく、大都市圏に構えた親の家は、広くても4LDKの間取り。子どもが家庭を持ち孫が生まれれば、同居するにはスペースに限りがある。現代の大都市圏に偏る住宅事情では、三世代同居というライフスタイルの実現は非常に困難だ。

世間では、住宅の購入を「一生の買い物」と表現する。35年など長期にわたるローンを組んで、一生分の給料における相当な割合の金額を捧げて買うのだから、永住すること、さらには子の世代に引き継がれていくことを期待するのも無理はない。しかし、現代においては、意外なほど家というのは同じ家系図で引き継がれていかない存在だ。

家を買う動機として、多くの人は「資産になるから」と答えるが、すべての住宅が資産になるというのは思い込みだ。たびたび言及してきたように、建物は時を経るにつれて劣化・老朽化していく。資産価値を保つどころか、住み続けるためにも維持・管理する努力が求められる。

特に、近代になって誕生し、都心居住の進展とともにごくごく一般的になったマンションという居住形態には、特有の問題がある。本章ではマンションを中心に、マイホームの多くが「一代限り」で終わる運命にある事情について見ていこう。

マンションにおける区分所有という解決不能な仕組み

マンションを購入すると、販売担当者から所有権についての説明がある。マンションは戸建て住宅と異なり、自分以外にも多くの購入者が存在するため、土地や建物の所有形態が「特殊」であるからだ。ところが、多くのマンション購入者が、この「特殊」さを「あたりまえ」のこととしてとらえ、その内容を深くは理解していない。

マンションという住居は、広い敷地と複層階の建物で構成されている。このうちあなたが買うのは、土地については敷地権の共有、建物についてはあなたが実際に生活する専有部分についての区分所有、そしてエントランスや廊下といった共用部分の共有に分かれる。

もう少し詳しく見てみよう。敷地面積300坪、建物面積1200坪で、1戸あたりの専有面積が20坪（66㎡）の住戸が50戸（わかりやすくするためにすべて同じ面積とする）あるマンションを事例に取ろう。全員が同じ持分なので、1戸あたりの土地の持分は6坪（＝300坪÷50戸）となる。専有部分を除いた共用部200坪（＝1200坪－20坪×50戸）についても区分所有者間の共有となり、持分はこのマンションの場合は50分の1で4坪相当だ。

各住戸の所有者は、この権利を確認したうえでマンションを購入したことになり、あらかじめ決められた管理費、修繕積立金を区分所有者全員で結成された管理組合に毎月支払うことになる。

まず、この土地建物の所有形態について考えよう。日本は世界中でも地震や台風など自然災害が多い国である。2022年5月、東京都防災会議は、「東京都の新たな被害想定　首都直下地震等による東京の被害想定」を公表している。この発表によれば、今後30年間でマグニチュード7クラスの首都直下地震が発生する確率は70％とされる。

これまでの阪神淡路大震災や東日本大震災の記憶をたどれば、直下型大地震による建物への被害や土地の液状化、ライフラインの断絶が生じることは必定と言ってよい。その際、マンションという所有形態は意外な脆さを見せるのだ。

建物に対する被害には様々なものが想定されるが、建物の倒壊はもちろん、傾く、柱や壁の損傷が起きるなど、建物内での生活が不可能となる事例は多く報告されている。この場合、建物は解体して建て直すことになるだろうが、多くの区分所有者で構成されるマンションでは各自の経済状況が異なり、建替えに対する意向がすべてにおいて一致することは少ない。

また、仮に解体して土地を利用することを考えようにも、各所有者の土地持ち分割合は数坪程度にすぎないため、土地の権利分を主張して敷地内に住み続けることは現実的ではない。マンションにおいては、肝心の建物が機能しなくなってしまうと、土地はまったく使いものにならなくなってしまうのである。

これが戸建て住宅であれば、建物が利用不能になる最悪の事態に陥った場合でも、建替えることを所有者自身で決定できる。建替え資金がなければ当面の間、敷地内でテント暮らしをすることも不可能ではない。

建物が区分所有であることは、建物全体の維持管理において、すべてが多数決の論理で決定されてしまうことを意味する。多数決と言うと、いかにも民主主義的でそれに従えばよい、と思いがちだが、日々の生活のなかでの住民間トラブル、考え方や価値観の相違は、時が経つほどに大きくなるのが常である。むしろ、区分所有法や管理組合契約・規約に則って、長く円滑な生活が保たれるマンションのほうが稀だ。

入口は一緒でも次第にバラバラになるマンション住民の意識

新築マンションを購入する際は、住民構成がほぼ同じになる傾向がある。まず購入価格帯によって住民は選別される。タワマンのように高層階と低層階で価格が相当に異なるような場合は別だが、多くの新築マンションでは購入者の経済状況にはかなりの同質性がある。

立地選好という共通点もある。交通利便性に優れたマンションは、購入者のほとんどが都心への通勤利便性を第一に考えて購入しているため、同じようなライフスタイルの住民が多いことになる。また、間取りなど建物の構成がファミリータイプ主流であれば、夫婦に子どもが1人か2人の家庭などと、家族構成にも共通項が見出せる。

このように新築マンションのスタート時点においては、住民間でほとんど違いが見受けられないことから、表面的にはそれほどのトラブルもなく、順調な船出をする場合が多い。

だが、10年、20年と時が経過すれば、同じマンションで暮らす住民にも様々な変化が発生する。子どもの進路や環境変化にともなう親同士の距離感の変化。各家庭の仕事における成功・不成功による経済格差。病気、事故、夫婦の不仲による別居や離婚といったトラブル。人生には多くの事象が発生し、住民ごとに違いが出ることは防ぎようがない。

特に経済格差が生まれることは、マンションの管理現場で多くの問題を発生させる。自分は新たに防犯設備を導入したいと思っても、費用負担を嫌がる住民が出る。仮に総論賛成であったとしても、具体的な費用分担などの話になると意見がまとまらない。車を持たない住民が、駐車場の修繕費用の支払いに不満を述べ立てる、などなど。

はじめの一歩では足並みがそろっていたはずの住民たちでも、時の経過によってそれぞれがあらぬ方向へと歩き出し、入居時の一体感は雲散霧消《うんさんむしょう》しているというのが多くのマンション現場での実態だ。

この構図は、築15年から20年で行われる建物大規模修繕を実施するころから現れ始める。この時点ではまだ積立金が不足している管理組合は少ないが、なかには経済状況が厳しくなり、管理費や修繕積立金を滞納する住民が出始めているケースもある。

最近、多くのマンションで問題となっているのは、二回目の大規模修繕だ。おおよそ築30年から40年で行われるものだが、この修繕費用が不足しているケースが多い。そもそも多くのマンション分譲会社は、分譲時の購入者負担額の「見た目」を減らそうと、管理費や修繕積立金を低めに設定する。その結果、築年が経過するにつれて、管理費や修繕積立金の徴収額が現実にかかる費用に合致しなくなるのである。

それを避けるために、1回目の大規模修繕が終了した時点で、毎月の積立金を大幅に引き上げる管理組合は多い。建物の経年劣化は10年目、15年目までよりも、30年から40年経ったころに激しくなるからだ。具体的には配管やエレベーターの更新など、費用が嵩む工事が格段に増える。

これに加えて昨今は建築費の上昇が著しい。建築費の上昇と聞くと、新築建物の費用のことばかり取り上げられるが、当然これは修繕費用にも影響する。とりわけ世界的な半導体不足は、マンションの諸設備の更新に影響を与えている。建築現場の人件費が上がっていることも、修繕費用高騰を後押しする。

こうした世の中の「事情の変化」を、すべての住民たちが許諾できる状態にないことは明らかだ。ましてや築30年を超えるころには、定年退職をして年金暮らしになる住民も数多く出てくる。こうした人たちは、修繕積立金の負担増を嫌って反対する側に回りがちだ。

区分所有法上では、議決権者の5分の4の賛成で建替えを決議できるが、実際には寝たきりのお婆さんがいる住戸から誰が彼女を退去させるのか、といった問題が発生し、手の付けられない状況だったりすることもある。

年数が経つにつれて合意しなければならない事項が増えるのに、実際の合意形成は難しくなる。これが区分所有者で構成されるマンションという住居形態の「特殊さ」なのだ。

マンション居住こそコミュニケーション力が試される

今度は、マンションという居住形態を「近所付き合い」の観点から見てみよう。

マンションを選好する人のなかには、「マンションは近所付き合いする必要がない」と口にする人がいる。確かにマンションは、隣の住戸とはぶ厚いコンクリートの壁で仕切られており、建物に出入りする際にも、エレベーターやエントランスで一緒になるような場合を除き、互いに顔を合わせることはない。こうした住民同士の「互いに相手の生活に干渉しなくて済む」関係性が、都会生活を営む人たちにとって好評なのはわかる。

これが戸建て住宅だと、互いに庭の草木が相手側に伸びていないか、落ち葉やゴミが落ちていないかと気を配ったり、雪国では協力し合って除雪する必要が出たりと、ご近所との付き合いはこまごましたものまで含めると多岐にわたる。町内会への参加、会費集め、近所の神社の祭礼への協力、防災講習会や地震避難訓練への参加など、マンション住民よりも公共の付き合いを求められることも多い。

だが、実はマンションほど住民間のコミュニケーションが大事な居住形態はない。建物の大規模修繕や建替えにあたって、マンション住民間の結束がその成否に大きく関わってしまうからだ。

これには実例が多々ある。その成功例として、2019年に建替えが完了した東京の新宿区四谷本塩町にある「四谷コーポラス」を取り上げよう。日本初の民間分譲マンションとして知られ、分譲が開始されたのは1956年という長い歴史を持つ。先ほど述べたように、現行法では区分所有者の5分の4の賛成をもって建替えは決議できるのだが、四谷コーポラスでは5分の4どころか全会一致で建替え賛成になったという。

紛糾せずに円満に建替えへと舵を切れたのは、まさに「所有者同士で付き合いがあった」ことにある。築60年が経過するなかで相続が起こっても、その多くが売却されずに引き継がれ、そのまま子や孫の世代が暮らしていた。そのため、所有者が代替わりしてはいても、住民同士は幼いころから交流がある顔見知りだ。議論するなかで多少の意見の齟齬《そご》はあっただろうが、顔見知りであればこそ、最終的には全員の合意のもと建替えを進められたというわけだ。

マンションは「ひと」によって成り立っている。マンションの価値というと土地や建物の資産性にばかり目がいくが、こうした住民同士が互いを知り、コミュニティをつくりあげていく「住民価値」とでも呼べるものも、数字に表れないところでマンションの価値になっている。

マンションのなかには、入居にあたって面接があり、組合幹部の承諾を受けなければ入れないマンションもある。品がない、常識に欠ける、資産性を大切にしないなど、価値観をともにできない人をあらかじめ排除することは、一見すると差別的だが、マンションの価値を維持していくには大切な考え方なのだ。

マンションは区分されているとはいえ所有物なのだから、所有者それぞれが勝手な価値観で行動できるはずだと思っても、そうはいかない。所有者、住民全員が同じ目的を持ち、目的に資する住み方をしていくことが求められる。

国土交通省の推計によれば、2022年末時点で築40年以上のマンションは約126万戸あるが、2022年4月までの建替え実績は累計で270件、約2万2000戸にしかすぎない。この事実からも、マンションという住処《すみか》の多くは継承されずに一代限りで終わる、という話の信ぴょう性が知れるだろう。

老朽化の問題はオフィス街でも深刻に

住宅に限らず都心部にある中小オフィスも、実は同じ問題にさらされている。戦後、都心部では多くの中小オフィスが建設された。東京で言えば、新橋や神田、五反田などといったエリアで中規模、小規模のビルがひしめき合うように建設され、中小企業などのテナントが居を構えてきた。年末忘年会シーズンともなると、いまだにテレビのニュースなどで、新橋や神田の駅前で飲んだくれたおじさんたちの姿が映し出され、風物詩となっている。

だが、こうしたエリアで最近、中小ビルの老朽化にともなった建替え問題が深刻化していることは意外と知られていない。昭和30年代から40年代にかけて多く建設されたこれらのビルは、築年で50年から60年が経過し、建物の老朽化が著しくなっている。

それでも東京都心部でテナントも入っている物件なら、何の問題もなく大規模修繕や建替えができるだろうと思われるかもしれないが、実態はかなり異なる。こうした中小ビルのオーナーの多くは、地元で商売をしていた人たちだ。新橋はもともと、東京湾から木材が運び込まれたことから家具屋が多く、今でもその名残《なごり》をエリア内各所で確認できる。そうした家具屋をやめて純粋なビルオーナーになったケースもあるが、多くは他に商売などを始めていて、多額の借入金を調達している。そのため、所有する土地建物に対し、限度額いっぱいに担保が入っていることが多い。

所有しているからと建替えを検討しようにも、担保付きであることと、昨今の建設費が高騰していることにより、投資資金を回収するのに30年近くもかかってしまう。事業承継にあたっては、彼らの子どもに商売を継ぐ意志のある者は少なく、今後、都心部オフィスビルオーナーでも建替え問題が勃発することは明らかだ。

こうして建替えが一向に進まない結果、入居するテナントはもっと条件の良いビルに移るであろうし、賃貸料も下げざるをえなくなる。それを嫌って空室が常態化すれば、ビルのスラム化にもつながりかねず、新たな社会問題を引き起こすことが懸念されている。

マンションの資産性は「立地」にしか求められない

話をマンションに戻して、その資産性についても触れておこう。最近はメディアでもよく「マンションは資産価値があるから買いだ」といったセリフを耳にするが、マンションが持つ資産性には一定の限界があることも認識しておいたほうがよい。マンションは建物自体にその価値の多くが帰属しているからだ。

通常マンションの価値評価は、土地割合で3割、建物割合で7割程度となる。5000万円のマンションであれば、土地代が1500万円、建物代が3500万円といった内訳だ。この7割ものシェアを持つ建物に関しては必ず経年劣化していく。マンションとしての価値を保つためには、建物の減価を上回る土地代の上昇がなければ成立しないことは、不動産鑑定に基づく原価法の考え方から明らかだ。

それでも実際に都心の中古マンション相場は上昇を続けているではないかと思われるだろうが、これは不動産鑑定の考え方のなかでも別の評価、収益還元法や取引事例比較法によるものだ。収益還元法はその物件が稼ぐ力、すなわち所有している間に賃貸で運用した場合に得られるだろう賃料収入と、売却した場合の売却益を見込んだものだ。取引事例比較法では、実際に近隣エリアで取引された売買価格から連想される価値を見込む。

つまり、建物としての価値は経年劣化しても、その劣化分を上回るだけの期待値、運用益や売却益で十分な価値を見込める予測が立つマンションであれば、資産価値が高いという評価につながるのである。

結論としては簡単である。都心部で多くの人が出入りするエリアや、昔から評価が高いブランド立地にあるマンションであれば、多少建物の築年が古かろうが、そのマイナス分を補って余りある価値を創出することができる。他方、どんなに建物管理が行き届いていても、その立地が郊外であったり、都心部でも居住環境として不人気な場所であったりすれば、建物価値の劣化分を補うだけの土地の価値上昇が期待できないため、資産価値を保つことはできない。

これは戸建て住宅でも同じだ。むしろ、戸建て住宅は土地の持ち分が多いため、建物部分の価値が土地のそれに対して比率として下がってくる。土地は壊れることも削り取られることもないので、減価償却はされない。だから、良い立地にさえあれば、建物部分の価値上昇は見込めないものの、総体としての資産価値を保ち続けることは容易だ。

結局、マンションも戸建て住宅も、不動産価値としては「どこに立っているのか」という立地に尽きるということだ。たしかにマンションは駅近の好立地に立つことが多いが、それをもって「マンションだから価値がある」とするのはいささか暴論だ。

ともすると新築マンションは、見た目の豪華さや設備仕様のグレードなどで資産価値が高いと錯覚しがちだが、建物本体も設備機器も経年劣化を避けることはできない。資産価値を保ち、向上させるのは、あくまでも土地が持つブランド力なのである。

「地歴がない」というニュータウンとタワマンエリアの共通点

最後にマンションのなかでも、2000年代以降に急増したタワマンの行く末について見ていこう。

前章で、団地は造成され始めた当時、庶民にとって「憧れ」の住居だったと述べた。この団地に近いところが、現代のタワマンにはある。昭和40年代に団地を買い求めたエリートサラリーマンの姿が、現代のパワーカップルなどが「富の象徴」としてタワマンを購入する姿と重なるのだ。

また、戦後の都市圏近郊における住宅ニーズの急増が団地を生み、近年の都心居住ニーズの高まりがタワマンを生んだという、それぞれの時代的な背景があるが、団地が並ぶニュータウンも、タワマンが乱立する湾岸エリアも、ともに社会的な要請に応じて人工造成された街である点に共通項がある。

もちろん、オールドタウン化する郊外ニュータウンに比べて、タワマンが立つエリアは現代の居住ニーズに応えるべく選ばれているため、今は活気がある。先ほどのマンションは立地次第という面でも、とりわけタワマンは価値が高いとされる。

だが、果たして今後もその人気は続くであろうか。私がその将来性に疑問を感じるのは、こうした街には「地歴」が存在しないからである。

地歴とは土地の歴史のことである。土地にもいろいろな背景があり、人々が繰り返し居住してきた土地もあれば、森や林、川べり、沼地などあまり居住に適さなかったところもある。その土地がこれまでどのような姿であったかを知ることは、実は不動産を見るにあたってとても大切なポイントだ。

高度経済成長期から平成初期にかけて郊外で造成された新興住宅地には、かつて人々が住んだ地歴がなかった。もともと人が住んでいなかったのには、それ相応の地理的な理由があるはずだが、台地を切り崩して樹木を切り倒し、沼地に土砂を埋める、コンクリートで固める、など人為的な作業を加えたうえで、住宅地としてデビューさせたわけだ。

地歴のなかった土地に「人が住む」という新たなページが加えられた結果、「一代限り」の街としてその多くが衰退への道をたどっていることは、これまでに見た通りだ。

街としての持続可能性は、一代では結論が出ない。その地で育った子どもたちが、街に対してどれだけの愛着／プラウドを感じるかにかかっているからだ。残念なことに、そこで育ったはずの多くの子どもにとって、自分が大人になって「ふるさと」と感じることができるような存在になりえていないニュータウンが大半だ。

地歴があり、様々な年齢構成の人々が暮らす街で育つ場合とは異なり、彼らは同質性の高い住民が一斉に集住する街で育っている。街のごく一部、周囲にいる自分と同じような年齢、家族構成の人々としか関わってこなかったせいで、街自体には愛着が湧きにくい側面もある。

翻って、現代のタワマンエリアはどうであろうか。埋立地の工場や倉庫跡地などに建設されたものが多く、もともと住宅地として形成されてきたわけではないため、ただ建物が林立しているだけの殺風景な風情が広がっているように映る。

とりわけ湾岸エリアは、居住環境としても優良とは言いがたく感じる。部屋からウォーターフロントを一望できるといっても次第にその景色には飽きてくるし、目の前に海があるからといって泳げるわけでもない。それにもかかわらず、潮風を受けることで建物は傷みやすく、急造された公園の緑にもひしゃげたような樹木が多い。エリア内で中心となる店舗も、大手流通業者や不動産会社が用意した、どこでも見かけるテナントが入るようなショッピングモールだ。

おまけに、本章で見てきたマンションの管理・維持の問題は、タワマンにおいては低層マンションの比ではない。そもそも修繕費用がより嵩むうえ、高階層と低階層の住民の間で入居時点から意識はバラバラだ。

災害リスクについても、埋立地の多くでは地震発生による津波の危険性が高いことはもちろん、たとえ建物自体の安全性は確保されても、周辺地帯の液状化が起こることは東日本大震災発生時において証明済みだ。エレベーターが停止し、40階まで階段の上り下りで死にそうになっただとか、ゲリラ豪雨による洪水で電気室が浸水したなど、タワマンにまつわる危険性の指摘は枚挙にいとまがない。

都心通勤に便利という点についても、いつまでも人はオフィスに通勤して働くのだろうか。オフィスに行って仕事をするスタイルがなくなってしまえば、海風が強く、ベランダに飾った草花もすぐに枯れてしまう殺風景な湾岸エリアに、人は好んで暮らしたりするのだろうか。

一度建てられた建物は、長きにわたってその地に立ち続ける。タワマンが「金融商品化」している様子は第二章で詳しく見たが、そうした投資ニーズに支えられたタワマンエリアが、新たな住宅地として地歴を刻んでいけるとは到底私には思えない。

晴海フラッグに見られる「暮らし」を軽視した狂奔

「晴海フラッグ」と呼ばれる分譲・賃貸マンションが、東京五輪選手村跡地に建設されている。選手宿舎から一般住戸へのリニューアル工事が完成した17棟の物件引き渡しが、2024年初めから3月末にかけて行われた。

晴海フラッグは、五輪選手村跡地に分譲19棟4145戸、賃貸4棟1487戸に加え、商業施設や介護住宅、保育施設などを併設した、いわば一つの街をつくるような意欲的な開発プロジェクトだ。五輪レガシーとしての価値が見込めること、希少な都心立地にもかかわらず販売価格が周辺時価の3割ほど安いことから、最高で266倍もの高倍率の住戸が出現するほどの大変な人気となった。

自治体の公共地やURなどが絡む不動産物件では、マンションの分譲にあたって投機的な動きを防ぐために、通常は「一定期間の転売禁止」「不動産業者など法人による購入禁止」「業者を介在させたサブリース（転貸）の禁止」などを課すのが一般的だ。しかし、晴海フラッグについては何の制限も設けられなかったため、それが購入熱をエスカレートさせた。業者による転売を狙ったまとめ買いや、個人による投資用の取得をもくろむ動きが激しくなり、自らの住まいとして購入しようとする人を押しのける形となった。

結果として、物件引き渡しと同時に取得した部屋を即転売しようとする動きが見られ、マンション中古サイトに相次いで物件が掲載されることになる。ある棟の3LDK、27坪（90㎡）の部屋は、1億5000万円（坪555万円）で売り出されていた。分譲価格は8100万円（坪300万円）程度だったので、売却できれば7000万円の売却益となる。

不動産価格は高騰が続いているので、もう少し待ってから売却して、より儲けを出そうと考える投資心理もある。賃貸募集をしている物件も、分譲引き渡し直後に100件を超え、月額賃料は30万円台を中心にして、高層階や海を臨む部屋では40万円から60万円台をつける。まさにマネーゲームと言える状態だ。こうした事象を指して、「晴海フラッグは資産価値がある」との評が下されている。

だが、晴海フラッグの今後はどうだろうか。たしかに都心ではなかなか見かけない広さの住宅を坪300万円で手に入れ、ずっと住み続けられるのならば悪くないかもしれない。とはいえ、さすがに坪555万円、27坪で1億5000万円の中古住宅が続々サイトに出てくる状況にいたると、これについてくる需要がどれほど見込めるのかは疑問だ。

また、しょせんは投資用物件だと言っても、マネーゲームはいつまでも続かない。購入価格が坪300万円であれば、賃貸料から考えて利回りは6％程度になるが、550万円ともなると利回りは3・27％にまで落ち込む。管理費や修繕積立金の負担を含めれば利回りはさらに下がる。

借り手にとっても月額30万円も40万円も出すなら、都内の四谷や小石川あたりの物件だって十分借りることができるので、話題が去れば冷静になってくる。現にすでに、賃貸に出している部屋になかなか客がつかないとのぼやきが出ているという。

2024年3月、私は同年に開催されるパリ五輪の選手村を見学する機会があった。同地でも東京都同様に、選手村で活用した建物はマンションとして一般に分譲される予定だ。パリの場合はリニューアルなどはせずにそのまま売却されるようで、すでに販売が始まっていた。晴海に似た微妙な立地で、価格は市価より2、3割安いというのも同様だ。

だが、私が担当者に晴海の実情を告げたうえで、「パリではどうか」と聞くと、担当者は首をかしげて「そのような動きはまったくない、倍率も高くない」と言い切った。転売規制もサブリース規制も何もないのに、パリでは個人がマンションに投資して儲けようなどという動きはほとんどないのだと言う。

国民性の違いと言えばそれまでかもしれないが、パリでは古いアパルトマンに人気がある。

それに対して、日本人は相も変わらぬ不動産神話を信じ、儲かりそうだと晴海フラッグに殺到している。

晴海フラッグに見られるような狂奔《きょうほん》は、いったいいつまで続くのだろうか。フランス人ではないが、住宅は生活するための効用を得るものであって、金儲けの手段ではない。こうした浅ましい発想にいつまでしがみつくのだろうか。

金儲けのためとして自分のライフスタイルや価値観を真剣に顧みることもなく、将来に対する限りなく不確かな楽観を抱えて、「みんなが買っているから」「何か儲かりそうだから」という曖昧な理由で大金を不動産に注ぎ込む。そうした行為を続ける限り、住宅に対する真の愛着は育まれず、自分が住む街に誇りを持つことは到底できないであろう。

次の第三部では、「街づくり」にフォーカスしながら、これから日本人がどのような基準で住宅地を選ぶべきかを考えていく。

第三部

住まいと街づくりに「地域価値」の発想を

第七章——不動産業者による都市開発のリアル

不動産業界に「マーケティング」の発想はない

不動産の行く末を考えるときに、街がどのようにつくられているのかは大きなポイントだ。まず本章では、近年の街づくりや都市計画というものが、どのような論理によって行われてきたかを見ていこう。

経営学の教科書を開くと、マーケティングとは「企業活動において、商品やサービスが自然と売れるような仕組みを構築すること」と定義される。ところが不動産業界では、このマーケティングという手法がこれまで使われてきた形跡がほとんどない。

分譲マンションはよく売れている。賃貸オフィスにもテナントが入居する。どちらも多少の波はあるものの、事業として十分成立している。傍目《はため》から見れば、それは入念なマーケティングの賜物《たまもの》であるに違いないと想像するかもしれない。不動産会社のなかには、それらしきことをやっていると自負しているところもある。

ちなみにここで言うマーケティングとは、販売とは異なる考えだ。経営学者フィリップ・

コトラーは「マーケティングと販売はほとんど正反対とも言える活動だ」とまで述べたうえで、マーケティングを「どのような価値を提供すれば、ターゲット市場のニーズを満たせるかを探り、その価値を生み出し、顧客に届け、そこから利益を上げること」と定義している。

やたらと販売には熱心だが、このマーケティングの視点が不動産業界には決定的に欠けている。実際の不動産会社の事業企画の考え方は次のようなものだ。

東京都心の大手町に１０００坪の土地がある。大手町なら容積率は１０００％を見込める。容積はすべて消化しなければもったいない。ここにオフィスビルを建設すれば、延床面積１万坪（＝１０００坪×１０００％）の建物がつくれる。大手町であれば、テナントの賃料相場として坪あたり５万円は固いだろう。空室率は厳しめに見ても５％以内に収められる。建築費は最近だいぶ高くなっているから、坪あたり２００万円くらいで見ておこう。

こうした計算から向こう20年間の事業収支を組み、会社としての目標利回りを超える水準であれば社内で決裁される。そこでは、賃料水準は今後ずっと保たれるか、あわよくば値上がりするだろうし、空室率も大手町だからそれほどひどいことになるはずがない、ずっとこの想定のまま続くとしてよいだろう、と考えられている。

マンションの場合はどうだろう。東京湾岸エリアで４０００坪の工場跡地が売りに出て、その土地を坪７００万円で仕入れられそうだ。湾岸エリアならタワマンが建てられる。容積率は800％だから、延床面積3万2000坪（＝4000坪×800％）のマンションにできる。共用部を除いた専有部分の割合（専有率）を75％として、1住戸平均で24坪（79㎡）としたら、1000戸（3万2000坪×75％÷24坪）が分譲できる計算になる。

湾岸エリアは最近値上がりしている。周辺相場から見て販売価格は坪500万円はいけそうだ。1000戸（2万4000坪分）すべてを売り切れば、売り上げは1200億円になる。

建設費は、坪150万円に経費込みで520億円。先ほどの土地取得代（4000坪×700万円＝280億円）と費用を合計したうえで、販売などでかかる諸経費の相場30％を含めても、1000億円程度。売り上げからこれを引いた利益として、200億円（利益率16％）ほどが確保できる。建物竣工から販売するのは3年後になるが、まあ大丈夫だろうし、ひょっとしたら建設中に販売価格を上方修正できる可能性まである。だいたいこんな計算をしている。

さて、これらはマーケティングと言えるだろうか。誰しもがマーケティングではなく、ただの「経験値＋期待値」から来る計算でしかないと答えるだろう。

不動産業界では、大手町にオフィスをつくる前に、どんなテナントに入ってもらい、どのような要望に応えるオフィスをつくろうか、と思いを馳《は》せたことなど、いまだかつてほとんどない。テナントが誰であろうとどうでもよいのだ。「大手町のオフィスなら坪5万円を支払うだろう」という過去の経験値と、「未来永劫《えいごう》、同じ条件で継続できるはず」という期待値を前提に、事業収支を組み立てているにすぎない。どこを歩いても、外観も中身も同じようなオフィスビルばかりになる理由がここにある。

同じように、「湾岸のタワマンなら、坪500万円でも最近の客は反応する」「駅に近いから売れるはずだ」などと考えているだけであって、なぜ湾岸エリアを選ぶのか、湾岸マンションで顧客にどんな生活シーンを提供しようとしているのかについては、実は曖昧模糊《もこ》としているのが内実だ。

なぜ、こんな安直な企画でもマンションは売れ、オフィスにはテナントがついてきたのだろうか。一言で言えば、「量が足りなかった」からだ。

オフィスの立地によって会社のステータスを上げたい企業なら、「大手町なら5万円でも仕方ないか、数も限られているし」と考える。通勤時間をなるべくセーブしたい顧客にとって、都心に近い湾岸部なら会社に通いやすい。土地が少ない都心に新築で供給される物件数は限られているから、「売りに出たら即買いだ」となる。

前章で「不動産の資産価値は立地で決まる」という話をしたが、「土地を押さえたもの勝ち」というのが不動産業界のテーゼなのである。マーケットには常に顧客が存在する。大手町の不動産は希少価値が高いから、ここに用地さえ押さえてしまえば、誰のどんな企画だろうが、大手町を好むテナントが高い賃料負担にも耐えて入居してくれる。少なくともこれまではそう考えられてきた。

最近では立地を選んでとにかく大きなビル、背の高いマンションさえ提供すれば評価される、と思っているフシさえある。「量が多いこと、大きいことは良いことだ」という単純な方程式を繰り返し使い続けることで、実際に利益が確保され、事業が回っていたのが不動産業界なのである。

こうした話を、消費財を扱うようなメーカーの方にすると、ほぼ全員が目をむいて驚く。あまりにも簡単な法則だからだ。この簡単なマーケットでの勝者はおのずと決まっている。都心一等地に広い土地を仕入れて大きなビルをつくって貸す、あるいは高いマンションをつくって値段が高くてもついてこられる顧客に売ることは、大手企業でなければできない。売っている商品だけでなく、売っている本人の図体もでかくなければ、今の不動産マーケットという土俵では勝ち目が薄いのである。

なぜ高層ビルやマンションが乱立するようになったのか？

こうした不動産業者の勝利の方程式を後押ししたのが、国や自治体による規制緩和だ。かって丸の内界隈と言えば、階数8階のオフィスビルが規則正しく並び、屋上部分がきれいなスカイラインを描いていた。1963年に建築基準法が改正されるまで、新しい建物を建設するには31mという高さ規制があり、以降も美観をめぐる不文律があったからだ。ところが現在は、このエリアにも超高層ビルが林立している。そこにいたるまでの歴史を見れば、日本人が都心の建物に高さと容積率を追い求めてきた様子がうかがえる。

特に1990年代半ばから都市計画や再開発に関する各種法規制が改正され、東京都心部の容積率は大幅に緩和＝嵩上げされた。たとえば工場や倉庫が林立していた東京の湾岸エリアは、用途地域で言えば工業地域で、従来は容積率200％程度であったものが軒並み400％や600％に改正された。

当時は急激に進む円高を嫌って、工場をアジア諸国などに移転する動きが活発だった。もともと工場や倉庫は広い敷地面積に建てられており、空いたスペースに同じような工場や倉庫を誘致するにはハードルが高い。工業地域であるがゆえに、マンションなどを建設するにも環境面から制約があった。

ところが、様々な規制暖和策によって、広い敷地に一度に数百戸から1千戸を超えるようなマンションを供給できることになり、湾岸エリアにタワマンが林立することになる。

容積率は都心部でも軒並み上昇し、さらに地区ごとに定めた誘導用途（オフィス以外の用途、たとえば商業やホテルなど）であれば容積率の割り増しをもらえるなど、多くの特典が施されたことで、建物は天の高みへと向かっていったのである。

また、建物の高さ規制も緩和、撤廃されるところが増加した。東京・表参道にある神宮外苑では、再開発によって野球場やラグビー場が建替えられるのみならず、超高層ビルやホテルが建設され、外苑内の多くの樹木が切り倒されることで悶着《もんちゃく》が起こっている。この問題は伐採される樹木の本数と植栽される本数の比較など、何やら矮小化《わいしょう》されて語られているが、本来この地区には高さ規制が設けられていたところから、東京五輪で新しい国立競技場を建設する際、建築家ザハ・ハディッド氏のプランがこの高さ規制を大幅に超えていたことに端を発する。

ハディッド氏の案は結局採用されず、隈研吾《くまけんご》氏の案で新国立競技場は建設されることになるのだが、この案も高さ規制をまったく無視したプランだった。東京都はこうした規制をたてに指導することなく、競技場の建設を認可しただけでなく、国立競技場建設部分だけ規制をはずす特例措置は取らずに、神宮外苑エリア全体の高さ規制を撤廃している。その思惑を考えると、行政が積極的に高さ規制をはずし、民間デベロッパーが開発しやすいように誘導しているとも受け取れる。

容積率緩和を施し、さらに地上高くそびえ立つ摩天楼を許可していく。こうした方針がこ

図表９　東京23区における大規模オフィスビル供給推移

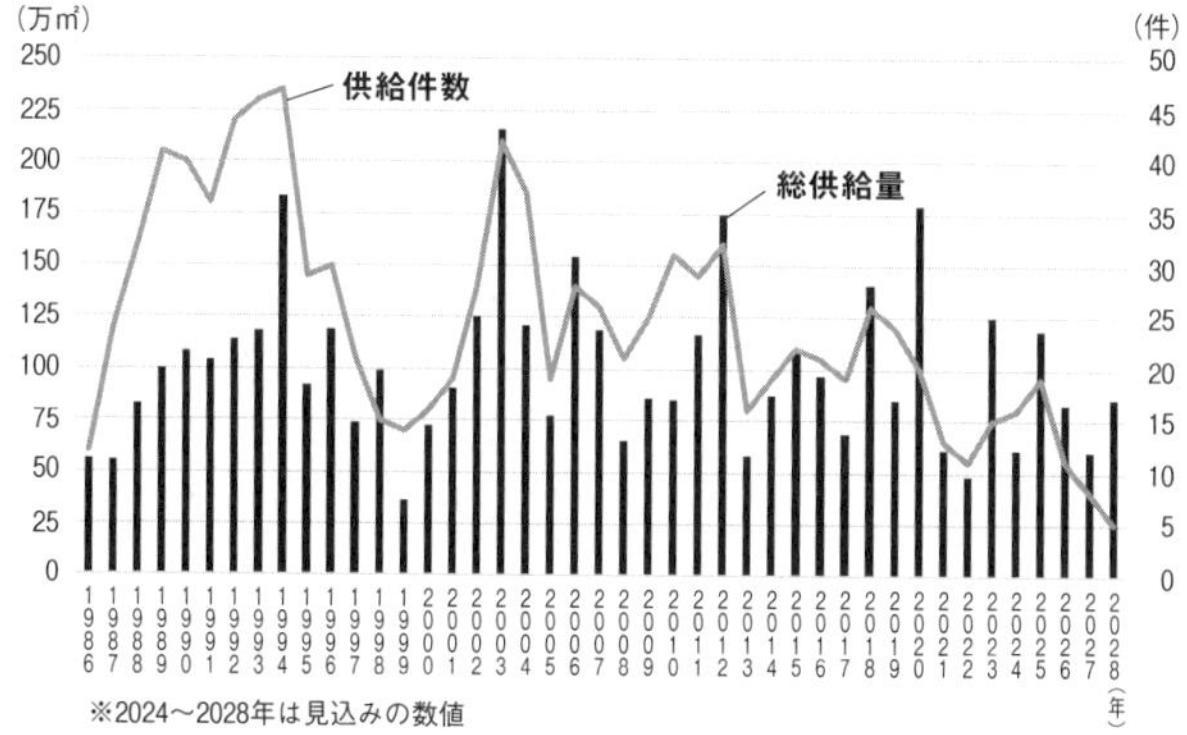

出典：森ビル「東京23区の大規模オフィスビル市場動向調査2024」をもとに作成

の30年間ほどで浸透し、都市部において日影規制や景観の保護といった概念は徐々に片隅に追いやられ、無視されるようになってきたのである。

「縦」に稼ぐ不動産開発では街の価値は生まれない

最近の東京都内は再開発ラッシュである。戦後の高度経済成長期以降に建設された数多《あまた》のオフィスや住宅、店舗などが築50年を超え、建替え時期に差しかかったうえ、容積率や高さ規制が大幅に緩和されたことなどにより、再開発の内容は「より広く、大きく」がテーマとなっている。

森ビルでは東京23区内での大規模オフィスビル（延床面積1万㎡以上）の新規供給予測を行っており、２０２５年には１１９万㎡もの新しい大規模ビルが完成する予定である。〈図表９〉

注目すべきは1棟あたりの面積だ。平成バブル期を含む1986年から95年までの10年間で、計1013万㎡ものオフィスビルが建設されたが、棟数は351棟で1棟あたりの平均延床面積は2万8860㎡だった。

それが2014年から23年までの10年間で供給されたオフィスビルは、延床面積については計1001万㎡とさほど変わらないが、棟数は190棟しかない。1棟あたりの平均延床面積は5万2684㎡と、その規模がおよそ2倍になっている。オフィスビルは巨大化しているのだ。

巨大化しているばかりでなく、最近の開発事例ではオフィスのみならず、同じ建物内にホテルや商業施設、住宅、美術館やホールなどの公共施設を取り込んだ建物用途の複合化が顕著になっている。

2023年3月にグランドオープンした東京・中央区八重洲にある東京ミッドタウン八重洲を例に取ろう。この建物は、敷地面積1万2390㎡、建物延床面積28万3900㎡、地上45階、地下4階にもおよぶ巨大ビルだ。

この施設の中身は、上層階にブルガリホテル東京という超高級ホテル、中層部にワンフロア貸付面積4099㎡(1240坪)の大規模オフィス、地下部分には商業施設とバスターミナルなどを備える。さらに低層部には中央区立城東小学校、別棟にはこども園まで設置されている。事業者のコメントでは、これはただのオフィスビルではなく「一つの街」を体現しているのだと言う。

だが、この建物を本当に「街」と呼べるかというと、疑問符を付けざるをえない。なるほど、街に求められる施設が一堂に会しているという意味で、「街っぽいビル」ではあるのかもしれない。しかし、ビル内の各施設の用途は有機的につながっていない。

たとえば、このビルに通勤するオフィスワーカーにとって、上層階にあるブルガリホテルを使う機会はほとんどないだろう。子どもをビル内の小学校に通わせる人も稀だろう。

東京ミッドタウン八重洲

編集部撮影

地下部分の商業施設や低層階には飲食店も入居しているが、東京ミッドタウン八重洲から一歩出れば、八重洲仲通りと呼ばれる充実した飲食店街が広がっている。ビル内の飲食店は小洒落てはいても価格が高く、多くのワーカーはランチの際にコンビニや弁当で済ませるか、八重洲仲通りに出向くという。

大規模複合ビルは最近の大規模開発の定番であるが、実はデベロッパーが掲げるような街、タウンとしての機能を発揮できているところはほとんどないのが実態である。ビル内の各用途が有機的につながっていないのは、どの複合開発物件でも見られる現象だ。

同じビル内に美術館があったからといって、平日にオフィスワーカーが訪ねることはほとんどない。ホールも今や多くの開発で設置されているが、株主総会の開催会場や各種製品を発表する会場として利用する機会はあっても、多くのテナントが喜んで使用する施設でもない。用途がそれぞれ独立しているがゆえに、そうした施設がテナントにとってどんな効用があるのかが不明なのだ。

オフィスワーカーの通勤動線からみれば、この事態はさらに明らかなものとなる。朝に出勤したワーカーは、ビルの入り口からシャトルエレベーターでオフィスエントランスフロアに赴く。そこで各層ごとに異なるエレベーターバンクに乗り換えて、自分のオフィスのあるフロアへと向かう。

エレベーターで昇る途中に、美術館、ホール、保育所などがあっても、エレベーターは高速で上層階までするするとワーカーを運び上げてくれるため、そうした施設を目にすることも意識することもなく、目指すフロアに到着する。ランチタイムも取引先に出向くときも、移動は常に「縦」方向に機械移動を繰り返す。つまり、途中階に何があるかを意識することはほとんどない。

これを平面的な街として考えてみよう。オフィスに行くまでの間にある飲食店、学校、住宅、物販店、ホテル、美術館、ホール、すべてが平面上に並ぶがゆえに、移動中にいろいろな箇所に目線が移動する。美術館に向かうカップル、物販店をのぞくご婦人、子どもの迎えに来る親御さん、新しい飲食店に並ぶ行列、ホテルの喫茶ルームで寛《くつろ》ぐ観光客。

そうした姿を視覚的に認識できるため、たとえそれぞれのお店や施設を利用せずとも、それらが一体となって一つの街を形成していることが感じられる。日々、街で繰り広げられる動きを目にすることで、今度の休日は美術館に出かけてみようか、ホテルの喫茶店にもたまには足を向けてみようか、などなど、人はいろいろな発想をめぐらす。

このように考えれば、大規模複合ビルがそのまま「街」の機能を果たせるはずがないことがわかるだろう。不動産デベロッパーは不動産の価値を「縦」で稼ごうとするが、それと「横」の視点でとらえるべき街の価値との間には、大きな違いがあることに気づくはずだ。

市街地再開発にともなう街のコモディティ化

最近は都市部の主要な鉄道駅前などでも、市街地再開発事業の手法を使った複合開発が活発に行われている。先ほど例にあげた東京ミッドタウン八重洲も、この手法を採用して開発されたものだ。

市街地再開発事業では、土地のオーナーが、駅前商店街などの店舗オーナーを兼ねていることが多いので、彼らの権利分（土地建物の不動産価値）に相当する床を低層部などにあらかじめ確保して、そのまま商売を続けられる、あるいは貸店舗として運用できるようにしている。そのうえで、容積率アップによる割り増し部分（保留床部分）をデベロッパーやゼネコンなどが買い受けて、中層部や高層部にオフィスやマンションなどを構える。

都心部であればオフィス需要が見込めるが、鉄道の主要駅の駅前などで行われている多くの市街地再開発事業では、保留床部分の多くがマンションとして分譲される。買い受ける側のデベロッパーやゼネコンにとって床を長く持っている理由はなく、すぐにでも売却して資金を回収したいためだ。タワマンにすれば周辺相場よりも高く売れることも、分譲マンションとする動機になっている。

こうして分譲されるマンションには人気があり、よく売れているわけだが、ではこのマンションに果たしてどのくらいの不動産価値が見込まれるだろうか。

まず立地は申し分ないと言えるものが多い。多くの市街地再開発事業は駅前商店街などの再整理に目的があるため、最寄り駅までは近く、交通利便性の良いものが大半だ。高層建物になるので見晴らしも良く、資産性は高いと期待される。

ただ、複合建物という特徴には、注意しなければならない点がいくつかある。

まず、建物内での人の動線問題だ。建物の中には商業店舗で買い物をする人の動線、店に商品などを運び込む搬出入業者の動線、日々の生活を営むマンション住民の動線など、複数の動線が入り乱れて複雑になりがちだ。オフィスや公共施設なども同居すると、出入りする人の種類にオフィスワーカーや周辺住民が加わり、さらに複雑化する。出入りの激しさによって警備に要する時間の長期化、内容の複雑化も生まれ、負荷が増してくる。

これは設備の複雑化にもつながる。各用途に応じるためにエレベーターが増えることで、1フロアの形がいびつになり、床を利用するにあたっての有効率（床に対して使える部分の面積割合）が悪くなる。あるいは必要な設備が混在するため、メンテナンスや更新が複雑になり、建物全体の管理コストが余計にかかってくる。

また、用途が複数あることで、共用部が傷んだり、汚れたりする問題が発生する。たとえば、低層部の店舗で生鮮食料品などが扱われていると、搬出入時に廊下が汚れやすく、台車が壁や扉にぶつかることで傷ができやすくなる。飲食店から出る調理にともなう臭い、クリニックで扱う消毒薬の臭い、ペットショップから漂ってくるペット独特の獣臭など、通常のマンションでは起こらない事態が生じることもある。

低層部に商業店舗があることは、景観や建物内環境の悪化を招く可能性もある。景気の悪化や店舗オーナーの高齢化などによって閉店する店舗が増え、それに代わるテナントがなかなか入らないような事態になれば、景観が寂しくなるだけでなく、最悪の場合は怪しげな店が入居するケースも考えられる。不逞《ふてい》の輩が出入りするようになれば、環境悪化に嫌気がさして住民が入れ替わり、その質が変わってしまう恐れもある。

最後に、建物の修繕計画でマンション所有者と商業店舗オーナーの意見が合わず、適切な修繕を施せないケースがあることも挙げられる。第六章で見たように、マンション住民のなかですら大規模修繕では意見が衝突しやすい傾向があるのに、もともと違う目的を持った店舗オーナーや元からの地権者の利害が衝突すると、建物全体の価値を維持することはさらに難しくなる。

このような宿命を背負った市街地再開発事業であるが、もともとが「縦」の空間に開発していく手法であるために、これを一つの街として運用していくには、おのずと限界が出てくる。住宅やオフィス、商業施設など、まったく異なる価値観の人たちが同居することで、コミュニティが形成されにくくなるわけだ。文字通り「同床異夢」に陥るリスクを内包している。

残念なことに、全国主要都市、ターミナル駅前などで展開されている市街地再開発事業によって出来上がった建物は、どれもまったく区別がつかない代物になっている。ひたすら縦空間に床を設けていくだけの仕組みであるがゆえに、コモディティ化が目立つのだ。

こうした光景は、もはや駅前のあたりまえのものになりつつあるが、そこに本当に資産価値を維持、向上していくだけの可能性があるのだろうか。そこには街としての魅力があるのだろうか。

第八章——ジェネリック都市に陥らない街づくり

ビジネス論理から出る「縦」に稼ぐ発想から、真に魅力ある街など生まれるとは思えない。現に、金太郎飴のような「ジェネリック都市」が量産される結果につながっている。

しかし、日本にも、街づくりの好例として挙げられる取り組みがないわけではない。本章ではそうした実例を紹介しながら、街づくりの未来を想像していきたい。

「空積率」を掲げる立飛「GREEN SPRINGS」の挑戦

2020年にオープンした東京・立川市にある「GREEN SPRINGS」という施設がある。事業者は立川エリアに98万㎡もの土地を所有する立飛《たちひ》ホールディングスだ。航空機メーカーであった立川飛行機を前身として、同エリアを中心に建設業・不動産事業などを営んでいる。

この土地はJR立川駅至近の4万㎡の土地を、同社が入札によって取得したものだ。同社はここで単なるオフィスや商業施設といったハコモノ開発を選択せずに、ウェルビーイング(Well-Being)な街づくりを掲げて、まったく新たな街をつくり上げている。

特徴的なのは、敷地全体に人工地盤を新たに敷設したことだ。人工地盤は建設費が余分にかかるのであまり採用されない手法だが、立飛はこの開発にあたって「人」と「車」を明確に分離し、「街中に車を通行させない」という方針を貫くためにあえて人工地盤をつくった。

GREEN SPRINGS（「SOUTH GATE」２階付近）

編集部撮影

車は地上１階部分に駐車場を設けて集約。２階の中央部分に１万㎡におよぶ広大な広場を設け、広場の周囲に９つの施設を設えた。

驚くべきは、これらが地上４階建て程度であることだ。この土地の容積率は５００％なのだが、そのうちの１５０％しか建物面積に利用していない。残りの３５０％分は「空積率」と称して空の見晴らしを確保するという、従来のデベロッパーやゼネコンでは思いもつかない発想で開発を行っている。

実際にこの街を歩くと、人を中心にした設計がなされていることを実感する。建物は広場や街路に向かって開かれるように、「縁側」というコンセプトのもと、テラスやギャラリーを設けている。その開口部には横引きの

GREEN SPRINGS（「PUBLIC SQUARE」付近）

編集部撮影

折り戸や引き違い窓を多用してシームレスに建物内部と外部をつなげ、歩行者が違和感なく入れるようになっている。

中央にある広場には、立飛グループの歴史を汲んだ滑走路を模した遊歩道が互いにクロスしながら延び、その先が緩い階段となって音楽ホール「TACHIKAWA STAGE GARDEN」の屋上に届く。歩けば滑走路を飛び立つ飛行機のイメージが浮かぶ。階段と並行してカスケードがあり、水の音を聞きながら屋上に足を運ぶと、屋上はデッキになっていて昭和記念公園を見晴らすことができる。

また、街路全体に多摩地区で自生する樹木や草花を配置し、ビオトープ（生態系）を生み出して、ベンチに腰掛けながら多摩の豊かな自然を体感できるようにしている。客室数81室の滞在型ラグジュアリーホテル「SORANO HOTEL」も開設しており、エリアを楽しめる仕掛けを施しながら、エンターテインメントやカルチャーも含めた「人生をどう楽しく生きるか」というライフスタイルの提言が敷地内の随所に垣間見える。

片やミッドタウンのような「縦」に伸ばした空間に、ひたすら相互に連関しない用途の施設を組み合わせた開発。片やGREEN　SPRINGSのように「平面」を意識して、街を歩くことの効用を追求した開発。この二つの対照的な開発がもたらす不動産価値の差異が、将来どのような形で表れていくのかは興味深い。「土地面積×容積率＝不動産価値」という方程式を否定するような挑戦をする立飛ホールディングスの取り組みに、未来が見えるのは私だけだろうか。

GREEN　SPRINGSをオープンした立飛ホールディングスに対して、ある大手デベロッパーの首脳は、「おたくは余裕がありますな」と言い放ったそうだ。果たして、大手デベロッパーとは言いがたい立飛ホールディングスによるこの挑戦は、余裕があるからできることなのだろうか。私は、街の在り方を考え、持続させていくことの価値を追求していくその姿勢こそが、これからの街づくりであることに、いまだに多くのデベロッパーの考えがおよんでいないだけだと思う。

なぜ「ユーカリが丘」はオールドタウン化しないのか？

第五章で解説したように、１９７０年代に建設された都市部郊外のニュータウンの多くは、一代限りの街となり活力を失っていく状況に陥っているが、なかには奇跡的に今でも成長を遂げている街もある。千葉県佐倉市にある「ユーカリが丘」だ。

ユーカリが丘住宅地は1971年に、デベロッパーの山万《やままん》によって開発が始められた。山万という会社は、大阪の繊維問屋から1964年に東京に本社を移転したあと、住宅開発分譲業に進出したという変わり種のデベロッパーだ。

山万が1979年から分譲をスタートさせたユーカリが丘は、その開発手法のユニークさにより、今に続く成功につながっている。多くの自治体や民間宅地開発業者は、開発して分譲したら終わりの「売り切り」型のビジネスモデルとなっているのに対し、山万は「成長管理」型とでも言うべきビジネスモデルを構築したのだ。

山万は一斉に開発を進めずに、常にその後の開発余地を残しておきながら、長期にわたって住宅を少しずつ開発・分譲してきた。新規住宅分譲は年間200戸程度に抑え、分譲地全体の年齢構成や街の発展の度合いに目を配りながら、街そのものの運営をしていくスタイルだ。

こうして毎年少しずつ、宅地分譲、戸建て分譲にマンション分譲を組み合わせて計画的に街づくりを進めてきた結果、この街の人口は年々増加し、今では人口1万8943人、8100世帯（2024年4月時点）を擁する一大タウンに成長している。分譲終了から数年が人口のピークで、以降は衰退の一途をたどる他のニュータウンとは異なり、ユーカリが丘は持続可能性を持つ驚異のニュータウンなのだ。

分譲開始から40年近く経った2016年6月にイオンタウンが新たにオープンしていることも、この街の持続的な成長を示す証拠だ。年齢構成としても、エリア内の子ども（0歳から9歳）の人口が2011年に1298人だったところから、2020年には1808人と、なんと39%もの高い伸びを示しており、ここ数年の新規購入者のプロフィールを見ても、30代の若いファミリー層が中心になっている。

山万のすごさは、単に住宅を小出しに分譲しているだけではなく、街としてどういう機能が必要になるか、街の成長とともに考え、行政でなければできないような事業展開をしていることにある。エリア内に、総合子育て支援センター、保育所、老人保健施設、グループホーム、温浴施設、映画館、ホテルなどひとしきりそろえているが、それだけではない。

最寄りのユーカリが丘駅からは、京成電鉄を利用して東京都心まで50分ほどかかる。普通のデベロッパーが分譲していれば、その住民たちは市営のバスや乗用車などで駅にアクセスし、そこから電車通勤することになるが、山万は住宅エリア内を循環するモノレール（自動案内軌条式旅客輸送システム／AGT）「山万ユーカリが丘線」を自前で敷設し、駅から各住戸への利便性を向上させた。

デベロッパーがモノレールという鉄道を持つことは異例中の異例だ。敷設にあたっては当時の運輸省が難色を示したというが、82年の開業以来、人身事故もなく住民の足として定着している。

　また、当初は佐倉市が市営バスを運行する意向を示したが、環境問題を理由に山万はこの申し出を断ったという。そのうえでモノレールの補助交通機能として、早稲田大学や昭和飛行機工業などと共同で日本初の非接触充電型電気コミュニティバス「こここら号」の運行も開始している（2020年より「こあらバス」に移行）。売り切り型の開発なら、そもそも交通網を整備することなど思いもつかないだろう。山万の街づくりにかける本気度がうかがえる。


山万ユーカリが丘線（「ユーカリが丘駅」付近）

編集部撮影

　山万の街づくりは環境への配慮を大きなテーマにしており、近年では街中に電気自動車やバイク用の給電スタンドを設置し、電気自動車のカーシェアリングにも早くから取り組んでいるほか、分譲する戸建て住宅に太陽光発電パネルを実装している。

　老若男女みんなが楽しめる街にするのが彼らの目的だ。人生にはいろいろなステージがあって、そのステージごとに住みたい家、環境は変わってくるはずだ。こうしたニーズに対して山万は、「ハッピーサークルシステム」というシステムを採用する。

戸建て住宅からエリア内の老人養護施設に移り住む高齢者の家を買い取り、リニューアルしたうえで若い世代に再販売することで、街の中でライフサイクルが起こる仕組みだ。その結果、この街で育って社会人になり、一度は街を出た子どもたちが、家族を持って再び街に帰ってくるようになったという。世代をまたいで同じ街に暮らせるシステムを自ら築くのが、ユーカリが丘で山万が実施しているタウンマネジメントなのだ。

千葉県佐倉市と言えば、都心居住が進んだ結果、都内への通勤圏としては残念ながら、今では「限界立地」とも言えるところになっている。現に佐倉市自体はここ数年で人口が減少に向かう地区が増え始め、大規模金融緩和後、同じ千葉県内の市川市や流山市、船橋市などの地価が上昇基調を強めているなかでも地価動向はさえない。

だが、山万ではそんな状況を顧みず、人が暮らす住宅を単純な「資産価値」でとらえずに、住宅街としての「利用価値」「住み心地」を重視し、街の新陳代謝を自ら仕掛けることで持続可能性を追求している。

当初は、山万がこうした街づくりを行っていることを、多くのデベロッパーは批判的に見るか、「変わったことをやる会社」程度にしか評価していなかったという。「トレンド」だとサステナビリティ（持続可能性）を今さら掲げる大手デベロッパーとは、そもそもの価値観からして異なることを強烈に体現している街づくりと言えるだろう。

子育ての街「流山市」に見る市民参加の街づくり

前章で縦空間に伸びていくエリアにはコミュニティが生まれず、街としての存在感が希薄になると言ったが、現実にはシャッター通り商店街に代表されるように、現代日本では平面的に展開されてきた街でも衰退、荒廃しているところは少なくない。では、街の魅力を語るものは何だろうか。その魅力はどのようにしてつくり出していくものなのだろうか。

近年、首都圏で注目を集めるようになった街に千葉県流山市がある。流山市は千葉県北西部・東葛エリアにある街で、人口約21万人、面積35・32㎢の割合小さな街だ。東京都心からは、20㎞から30㎞ほどに位置する。都心30㎞圏と言えば、東から千葉、柏、大宮、立川、町田、横浜といった首都圏を代表する大規模都市が存在しているが、それに比べると流山市は、かつてはJR常磐線の馬橋駅から流山電鉄に乗り換える必要があり、交通利便性に難ありとされてきた。

そんな流山市が劇的に変わるきっかけをつくったのが、つくばエクスプレスの開通だった。2005年4月に東京の秋葉原駅と茨城県つくば市のつくば駅とを結ぶ鉄道として開通した新線の駅として、流山市内には東京側から順に「南流山」「流山セントラルパーク」「流山おおたかの森」の三つの駅が新設された。新線開通によって流山市の人口は劇的に増え続け、開通前には15万人ほどだった人口が2021年には20万人を超え、6年連続で人口増加率が日本一となっている。

では、つくばエクスプレスの開通という理由だけで発展したのかと言えば、そうではない。流山市がどうやって地域価値を上げたのかについては、元日本経済新聞社編集委員だった大西康之氏の著書『流山がすごい』（新潮新書／2022年）に詳しい。

大西氏によれば、流山市は多くの「市民の手」によってつくられた街なのだという。まず面白いのが、現市長で推進役となった井崎義治氏が「よそ者」であること。アメリカで地理学を勉強した都市計画コンサルタントであった井崎氏が、1989年に帰国して選んだ街が、当時は住宅地としてお世辞にも人気があったとは言えない流山市だった。

その理由は「適度な高台にあり緑が豊かな街」であるという、拍子抜けするほどにシンプルな考えに基づくものだ。私は、同じ年に同市内の新築マンションのモデルルームを見学しに訪れたことがあるが、その際に「これはまずい。寂しすぎるし、どうも街として発展しそうにない」と感じた記憶があることを白状しておく。

流山市に居を構えた井崎氏は、常磐自動車道の流山インターチェンジの目の前に、市の清掃工場ができることに憤慨。「お客様を迎える市の玄関口になぜ清掃工場なのか」と訴え、デベロッパーがつくって終わりの街ではなく、市民の手でつくりあげていく街を目指し、勤めていた会社を辞めて2003年に市長になる。

井崎市長の取り組みは、初めから斬新なものだった。市役所にマーケティング課を設置して、課長には外部から人材を招聘《しょうへい》したうえで、流山市民になってほしいターゲットをDEWKs（double employed with kids)、つまり「夫婦共働き子どもあり」世帯に設定した。

ともすると市役所は、すべての市民に平等に奉仕することを旨として政策を進める。ところが流山市は、保育施設を充実させるだけではなく、共働き夫婦の通勤時に子どもを保育園に送り迎えする送迎保育ステーションを設置するなど、ターゲットを絞り込んだ施策でDEWKsの心をつかむことに成功した。今では有名になった『母（父）になるなら、流山市。』のキャッチフレーズを、自治体という組織が2010年にはすでに街のコピーとして打ち出していたことは、驚き以外の何ものでもない。

活躍したのは市長だけではない。地元出身ではない、東京などから流山市にやってきて活躍する人たちには、リクルートやJTBといった都心の大企業に勤めるビジネスパーソンがいる。また、多くの女性が地元で活動の場を広げている。

『流山がすごい』には、まさに「ひと」の手によって地域価値を向上させていこうと考え、そうした活動に行政や彼ら彼女らが所属する大企業も積極的に応援の手を差し伸べる様子が描かれている。

具体的には、市議になって政策をつくり、市長に積極的に提言する女性。観光資源に乏しい流山に、無理に観光拠点をこしらえるのではなく、利根川沿いに切絵行灯《あんどん》を設置し、古民家カフェを構えて市民の憩《いこ》いの場とする和菓子職人。有機栽培で野菜を生産する農場をつくる男性。そういった大企業で培った知恵や人脈を地域で生かしていく市民の姿が描かれている。

懸案だった流山インターチェンジでは今、インターから江戸川と利根川を結ぶ利根運河にかかる運河大橋までの約9㎞に、巨大な倉庫群がお目見えしている。その敷地の2割が緑化され、ランニングコースなども整備された。運営は日本GLPや大和ハウス工業などの大手企業で、この倉庫から楽天やアマゾンの商品が発送されている。

流山市が下総《しもうさ》台地上にあって非常に安定した地盤を形成している点、常磐自動車道を利用して商品搬送ができる点に目をつけて、こうした物流倉庫群を招き入れることに成功したのだ。地元雇用を創出し、法人税収も増えたことで、それを市民サービスに仕向けることができる。さらに倉庫のみでなく、市民が憩える施設もつくることで、流山の地域価値はさらに向上している。

流山市がこれだけの人気の街になったのは、市が「ひと」を大切にし、活躍できる場を提供し続けてきたことにある。デベロッパーが勝手につくったコンセプトの街に「住まわせてもらう」のではなく、「私たちが街をつくっていくのだという雰囲気が気に入った」という住民の声が紹介されているが、素敵な言葉だと思う。

今、流山市は子育てをする夫婦に大人気の街として、様々なメディアで紹介されている。こうした子どもに照準を合わせ、様々な施策を繰り出す取り組みは、兵庫県明石市や千葉県市川市などでも見られ、住民たちの街に対するプラウドを醸成することに成功している。

ここで重要なのは、流山市に魅力があるのは子育てだけでなく、市民が市政に参加しやすい仕組みをつくっている点、地域のコミュニティを育むことに積極的に関与し、支援をしている点にある。

老いゆく街を復興させる所有権を溶かすアイデア

第六章で取り上げたように、都心部のオフィス街であっても街の価値を持続していくのは意外と難しい。では、事例として取り上げた新橋や神田の中小ビルは、どうやって再生していけばよいだろうか。

中小ビルの多くは敷地面積も狭く、老朽化した建物では、そのまま買ってくれる先は少ない。大手デベロッパーなどは、虫食い状に土地を取得しても全体開発に途方もない時間がかかってしまうため、個別の物件の取得には興味を示さない。

そこで近年よく用いられるのが、先述した市街地再開発の手法だ。複数の地権者がまとまって再開発組合を結成し、容積率の割り増しを受けて高層ビルに建替え、その割り増し部分をデベロッパーに取得してもらうことによって再生が可能となる。

ただ、この手法を使うには隣り合った地権者すべてが開発に合意しなければならず、一部地権者の土地が担保に入っている、面倒なテナントがいるなどの制約要因によって、それなりに実現へのハードルは高い。

しかし、このまま築50年どころか70年、80年と経過してしまうと、建物の老朽化はさらに著しくなり、設備等の更新を怠っていれば廃墟化し、街の雰囲気はどんどん壊れていくことだろう。

解決策を策定するにあたって立ちはだかるのが、個々のオーナーが持っている不動産の所有権である。不動産の所有権とは、オーナーが持っている土地と建物で、これらは「不」動産、つまり動かすことが叶わない存在だ。この所有権が動かせない限り、その不動産が原因となって街の発展を妨げてしまうことにつながる。

以前、私の知人が勤める不動産会社では、ゴルフ場開発のために膨大な土地の仕入れをしていた。ところが知人曰く、計画していたゴルフ場用地の中でも肝となる土地のオーナーが、土地の売却に対して首を縦に振ってくれないという。オーナーの息子と話しているときは好意的でいつでも売ってくれそうだったのだが、いざ交渉に臨んだところ態度が豹変《ひょうへん》。「絶対におたくには売らない」と言われたそうだ。

原因を探ってみると、オーナーは地元の不動産開発会社の役員と懇意にしていて、別の会社にゴルフ場をつくられることを面白くないと考えたその方から、売らないように頼まれたらしい。当該土地部分の取得を諦めて開発を進めようにも、そこが手に入らないとゴルフ場に必要な18のホールがそろわないことになる。17番ホールでプレー終了というわけにはいかないし、売ってくれない土地の上空を越えていくホールをつくるわけにもいかない。どうにも完成のゴールが見えず、結局この計画はご破算になったという。

これはずいぶん意地悪な事例だが、実際に使う予定のない土地でさえ、そこの所有権を動かしようがなければ、開発に対して徹底的に抗戦できてしまうのである。

さて、中小ビルの再生に話を戻そう。中小ビル街の古くなってしまった不動産を大同団結させるには、隣り合う土地を一括で買い上げなくても成り立つ手法を考えることが、問題解決への第一歩だ。そこでのアイデアが、地域内で散在している不動産の所有権をまとめて取得できるＳＰＣ（特別目的会社）を設立することだ。

図表10　ＳＰＣを用いたスキーム

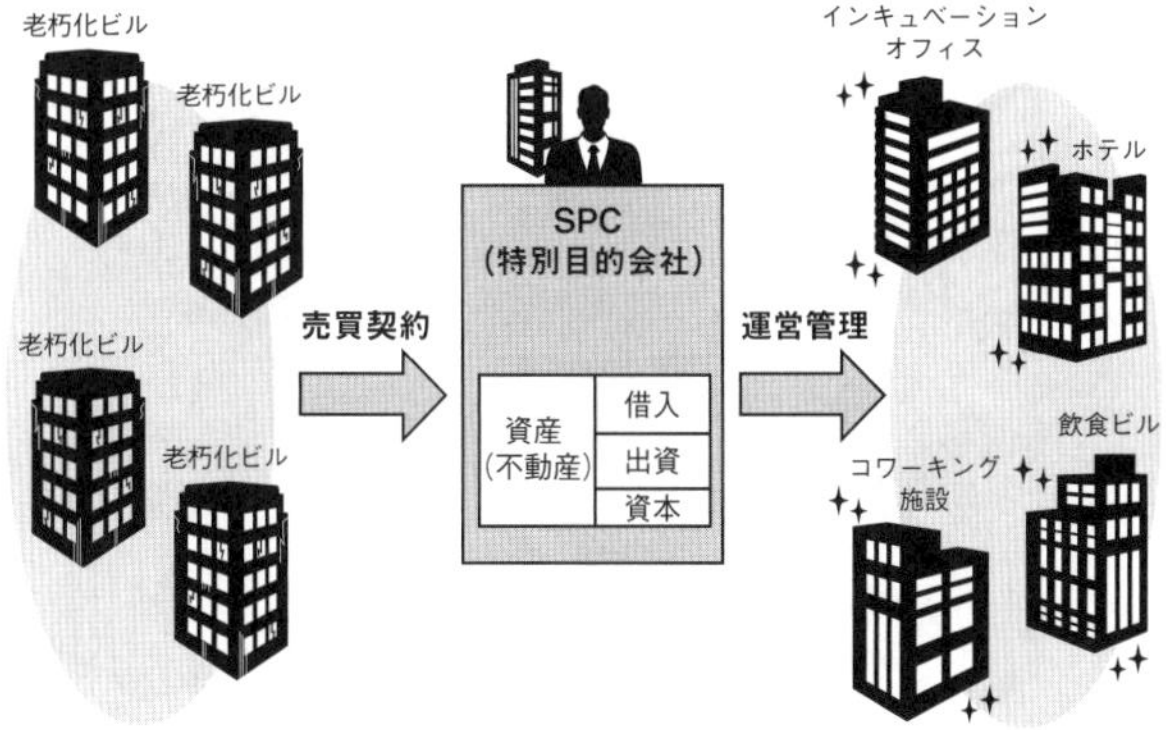

会社の資本構成は民間会社主体でもよいが、できればここに自治体やＵＲなどの公的資本が入ることが望ましいだろう。塩漬けになって所有不動産を動かせなくなったオーナーは、この会社に不動産を売却するか、現物出資をすることで会社の株式に転換することができる。

こうして地域内で集めた不動産を束ねたＳＰＣによって、各ビルの運営管理を行っていく。つまり、所有者を一元化することを手始めに、手に入れた不動産を地域の中で最適な利用用途にリニューアル、コンバージョン（用途変更）して運用していき、必要な設備の修繕や更新もＳＰＣが行っていく。〈図表10〉

単体では建替えするほどの資産価値が見込めず、徐々に流通できなくなっていく不動産でも、複数を束ねる一つの主体（ＳＰＣ）がいることで、エリア

図表11　メンバーシップ制のイメージ

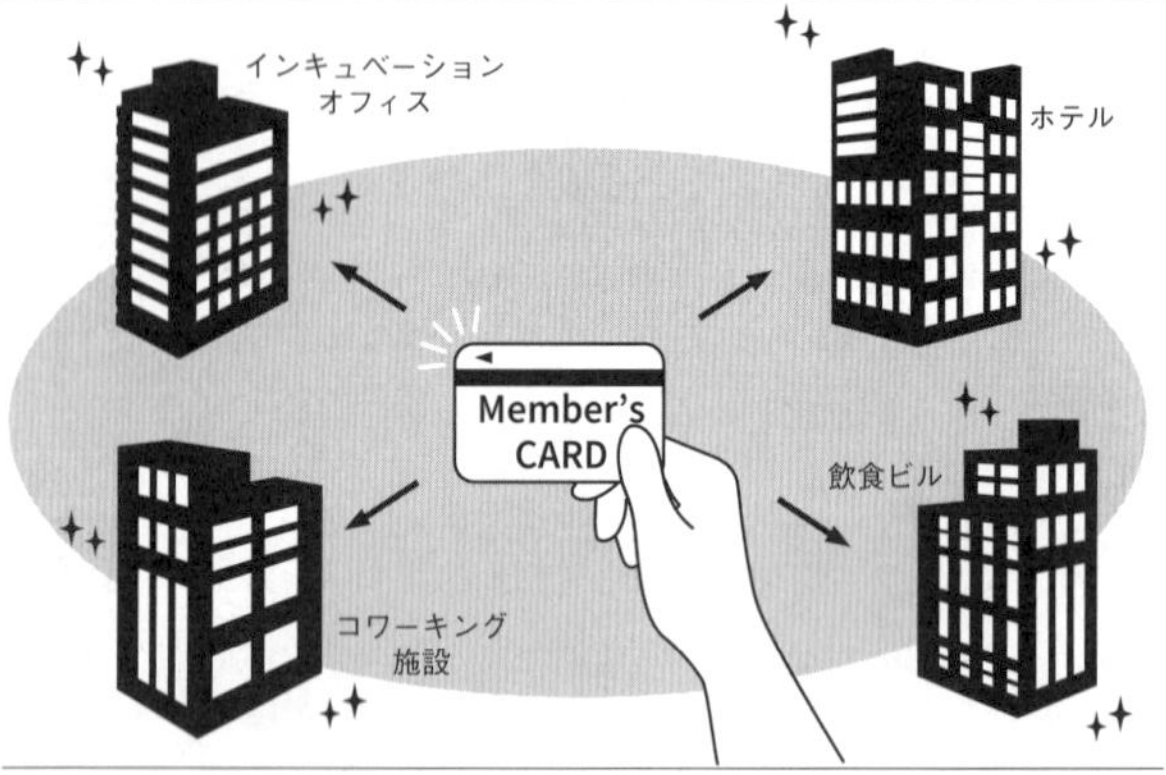

内で一体的なテナント募集を行える。各ビルはオフィスビルだけでなく、インキュベーションオフィスやコワーキング施設、商業ビルや飲食ビル、ホテルなど、街が活性化するように適宜つくり変えていけるというわけだ。

そこから、隣り合うビルなどの不動産も相続や事業承継の必要性によって流動化にいたったときには、それらをさらに引き取ることによって次第に土地がまとまっていく。ある程度まとまれば、取り壊して再開発することもできるようになる。

また、こうして最適な用途に刷新された施設が並び始めたら、これらの施設を利用するにあたってのメンバーシップ制を導入してみてはいかがであろうか。〈図表11〉

ビル単体で区角割りされたスペースを賃貸するのではなく、街のコミュニティに加わるための参加料を取るのだ。これまでのテナントは街のメンバーとなって、この会社が所有する施設を低廉な使用料で利用できる。オフィスで働く場合も使った分だけ利用料を払う。こうすれば、メンバーですべての施設をシェアできる。

この考え方は、これまでの不動産というハコの一部分を貸し、提供する期間と空間に応じて賃料を取るという発想からの転換だ。これからはハコを使用した時間だけチャージする。全員が同じオフィスに毎朝9時に出社し夕方5時に帰宅するのであれば、ハコ貸しにも一定の意味があったが、働き方が変わり、出勤時間、働く場所、行動範囲が変われば、利用した分の時間精算にするほうがより合理的というものだ。

新橋という街で働く「新橋倶楽部」の会員、同様に「神田倶楽部」「五反田倶楽部」の会員といった街のコミュニティに参加する会員制倶楽部（メンバーシップ）が広まれば、オフィスビル老朽化の問題を抱える街自体の活性化にもつながる。

そこで働く人にとっても、会社の同僚とだけ付き合うことはなくなり、同じ街、コミュニティで働く、寛ぐ、遊ぶ人たちと常に交わる環境が構築できるのではないだろうか。

縦にだけやたらと伸びきった超高層ビルというハコの中で、高みから見下ろすという下種《げす》な優越感に浸るだけでは自由な発想は生まれない。平面的に様々な人と交わる手法として、メンバーシップ性による一つの街づくりを行うことは、街の未来像になるのではないかと考えている。

三世代が暮らす街は良い街である証し

俗に「江戸っ子」の定義は、「三代が江戸に生まれて江戸で育ったこと」だとされる。京都などでは応仁の乱（１４６７年）以前から住んでいなければ、しかも洛中でなければピュアな「京都人」とは呼ばないなどと冗談めかして語られるが、街が形成されて住民にその街への愛着が生まれ、コミュニティが醸成されるためには、おおむね三世代にわたって同じ街に住むことは必要条件だと思われる。

たとえば湘南エリアには、三世代にわたって居住している家族が多いという。もともとは別荘地として開発されたエリアだが、土地の区画が広く、藤沢市の鵠沼《くげぬま》エリアなどは、１区画が数百坪から１千坪を超えたことから、子どもが離れに家を建てる、二世帯住宅に建替えるなど、複数の世代が暮らすことができる素地があった。

また、風光明媚《めいび》な景勝地であり、気候は温暖で、都心に通勤も可能ということで、大学を卒業した子どもたちも再びこの地に戻って世帯を構えるケースが多いそうだ。「海」をテーマにしたブランディングの成功も、この地の活気につながっている。

三世代とは祖父母、父母、その子どもたちのことだ。同じ時代を生きることができる三世代であれば、街についての共通の話題ができる。三世代が同じ小学校や中学校で学んだり、同じ公園や海、川、山野で遊んだりする共通体験があることによって、街に対する共通の想いが出来上がり、それが街に対する親近感、プラウドとなるのである。

こうした街づくりを、果たしてタワマンの建設や市街地再開発事業で実現できるのだろうか。三世代が想いを共有できる街の魅力は、金銭的な価値には代えがたい精神的な価値から生まれる。

一代限りの街に終わらないためにも、これからの街づくりには、いかにして街としての「顔」を持つかが問われる。それは「海」を売りにする湘南エリアもそうだし、「小江戸」を称する埼玉県・川越市もそうだ。インド人街を形成する東京・江戸川区西葛西もユニークだ。いずれにせよ街づくりの秘訣は、個別に強力なコンテンツを打ち出していくことにあるだろう。

ひところ、熊本県のPRマスコットキャラクター「くまモン」の成功にならい、どの自治体でもゆるキャラを定め、イベントなどに盛んに登場させた。みんなに愛され全国的に有名になったキャラクターが生まれた反面、無理やりつくったキャラの多くはイベントなどでも片隅に追いやられつつある。

あたりまえだが、その地とは何の脈絡もなく、ただかわいいとか、語呂合わせのネーミングになっているという程度のものでは、持続可能性は限りなく小さい。ゆるキャラを否定するつもりはないが、「あそこで成功したから、うちもやる」という相変わらずの発想ではうまくいくとは思えない。日本全国で人口が増えて成長を続けられる環境下ならばいざ知らず、今どきみんなと同じことをやっていても一向に浮かばれないのである。

海や山などの自然はもちろん、食材（高知のカツオ）であっても酒（山梨のワイン）であっても、それぞれの街がコンテンツを磨き上げ、賛同者を集めていくことが街をさらに成長させていくポイントなのだ。

これからの地価は「土地価格」から「地域価値」へ

地価とは通常、「土地の価格」のことを言う。国の政策は地価にずいぶん振り回されてきた。特に平成バブル時には高騰を続ける地価を何とか下げさせようと、無謀とも言える強硬策を繰り出した。国土法における監視区域制度の創設、不動産融資の総量規制、金利の大幅な引き上げ、地価税の導入など、短期間にありとあらゆる規制策を施した結果、地価は暴落。地価が短期間に下がりすぎた結果、世の中には不良債権が山積し、長く続く失われた時代の幕開けとなった。

２０１３年以降の大規模金融緩和政策でも、マーケットからあふれ出た大量のマネーが株式や不動産へと向かった。地価は平成バブル時代のような狂奔状態ではないものの、金融マーケットと結びついている現代不動産は、富裕層や大企業をさらに富ませる「打ち出の小《こ》槌《づち》」としての役割を担った。

だが、本書で見てきたように、マネーは偏在し、地価は全体が上昇しているように見えて、実は一部のエリアで限定的に上昇する現象となっている。昨今の地価上昇は、住宅をはじめとした実需によるものではなく、投資マネーや節税のためのツールとしていわば人為的につくられたものであることは明白だ。

こうした地価上昇はしばしば人々に誤解を与える。住むための家を持ちたい人は、地価の上昇を目にすると、早く家を買わなければ、これから家を買うチャンスがどんどん遠のくと焦る。

しかし、今の不動産マーケットから投資マネーを除き、実需ベースだけで考察すれば、住宅が今後も限りなく上昇を続けることを裏付けるデータなど、どこにも存在はしないことがわかるはずだ。

インフレ社会になれば、金利が上がって不動産価格も上がる。だから、実需とは関係なく不動産価格は上がり続けると言う人がいる。どこかで聞きかじったような論説だが、現代の日本はインフレの可能性よりスタグフレーション（不景気のなかでも物価が上昇する状態）

の危険性を心配したほうがよいだろう。一部の大企業や富裕層にとってのマーケットと一般庶民層のマーケットとは選別して考えなければ、これからの社会は理解できない。

一般庶民が住む家という観点だけで考えるならば、これからの大量相続時代の家余りは、一般庶民の「家が買えない」という恐怖を急速に過去のものとする。これは少しでも人口動態を学べば、誰の目からも明らかなことだ。

一方で家さえ手に入ればどこでもよい、という時代はとうの昔に過ぎ去った。人々が求める生活に対する様々な欲望は複雑化、高度化しているからだ。これがさらに進めば、通勤距離や利便性にとらわれた日本人の家選びにも変化が訪れるだろう。

私は、「地価」という言葉が「土地の価格」を指すものから、「地域の価値」を表すものへとその概念を変えていくことを提唱している。

東京・中央区銀座の土地が坪あたり1億数千万円などという天文学的な気配値になっているのを見たところで、銀座に家を買える人はいない。しょせんは投資家たちのお遊びにすぎない気配値に付き合っていても仕方がない。土地を地価という数値だけで判断する時代は、これからの多くの日本人にはフィットしない物差しとなっているからだ。

私は家を選ぶ際には、買おうとしている戸建て住宅やマンションだけを見るのではなく、自分が手に入れたあとに毎日生活する街、エリアを見て買うことを勧めている。家は生活するためのただのハコだ。豪華な仕様であってもじきに古くなる。素敵なデザインも時代の進展とともにチープなものとなる。ハコだけを見ても、そこに住むという価値をうかがい知ることはできないのだ。

まさにこの「地域に住む価値」という考えが「地域価値」である。湘南エリアの地価（地域価値）は、海をこよなく愛する人にとっては高いが、海の潮臭さや湿気が苦手だという人にとっては低い。それでかまわないのである。都心ど真ん中が好きな人にとって麻布の地価が高いのは当然だが、お高くとまった山の手に住むなんてまっぴらだという人にとっては低いのもまた当然のことだ。

その意味で、地方都市の行く末は肝心だ。再び地価（土地価格）が高騰して、わが街の地価も少しは上がるだろうと期待しても、人が集まらなくなった街には「住まい」に対する需要はない。需要のないところの地価は上がるはずもない。

だが、地域としての価値を上げる方法はいくらでもある。自分たちの街にはどんなコンテンツが眠っているのか、どんな素敵な人物が生息しているのか。そこにあるコンテンツを磨き上げ、関心を持った人たちが街を訪れるようになれば、地域価値としての地価は爆上がりする可能性を秘めている。

多くの自治体が地域価値を上げるための施策に取り組むことが、これからの地方を豊かにするキーワードなのである。そこでは、これまでのようにミニ東京をつくるのでも、他所でウケたことを真似するのでもなく、いかに独自性を発揮できるか、自分たち自身が輝ける地価上昇戦略を構築できるかが求められている。

第九章――あなたが住むべき街に相場はない

都心居住で手に入れたいのは「暮らし」か？　「資産」か？

家や土地に対する日本人の欲望がことのほか強いのはなぜだろうか。わずか37万8000㎢しかないうえに、山岳地帯が多く平地が少ない国土。可住面積はそのうちの27・3％、10万3500㎢にすぎない。そこに1億2000万人超もの人口を抱えているわけだから、日本人が自らの住まいを確保することに躍起になってきたことには一定の理由がある。

狭い土地をいかに効率的に利用するかに知恵を絞った結果として、建物を高層化する方向へと舵が切られたのが、1990年代半ばの法改正に見られるような都心の土地の容積率アップであった。土地は有限でも、空へはどこまでも伸ばせ、新たな床が確保できるからだ。これまで決して手が届くことがなかった「都心部に住む」という夢が急速に現実化し、一般化されたのが、現在にいたるここ30年だったと言える。

都心には常に人が集まる。人が集まるということは、それに見合うだけの価値が都心に存在するということだ。その価値の主な源泉は、「ひと」「もの」「かね」、そして「情報」

が集積していることにある。

多くの人たちは、「都心に行けば仕事がある」と考える。都心部を中心に新たな産業が振興するにつれ、大都市にオフィスを構え、そこでオフィスワーカーとして働くことが「働く」ことの共通イメージになった。そして、仕事場がある都心部に、電車やバスなどの交通機関を使ってせっせと「通勤」することになった。

このことは教育についても同様のことが言える。都心部に優秀な学校が集まるからだ。学校側にとっても、生徒を確保するには都心部が好都合だ。教育熱心な家庭の子ほど、やはり交通機関を使ってせっせと都心部の学校に「通学」する。

そんな「価値の高い都心部」に「自分の家が持てる」となったのがこの30年である。それまでは、都心はとても人が住めるような環境ではなかった。オフィス街はビルばかりで住むスペースなどどこにもない。繁華街はごちゃごちゃと飲食店や物販店が立ち並び、住む環境には適さない。湾岸部に立ち並んでいるのは倉庫や工場。すでに高台などに形成されていた住宅街は、一部のセレブリティや江戸・明治期から系譜を継いでいる者だけが住むエリアで、ほとんどの人にはそのなかに割って入れるような資力もない。これが都心の姿だった。

ところが産業構造が変わり、円高が進展して湾岸部の工場はアジアなどに移転し、輸入した原材料などを保管する倉庫がなくなった。加えて容積率アップの特典を与えられたその地に、超高層マンションが多数建設されたことで、都心部に住むチャンスが大幅に拡大された。

都心に家を持つことは、利便性から考えれば価値が高いのは明らかだが、あるいはそれ以上に人々が期待したのが、「都心の不動産＝資産価値が高い」という概念だ。実際にその期待通りに都心部が居住空間として再認識され、タワマンをはじめとしたマンションが多く建設されると、その価格はうなぎのぼりとなっていった。多くの人々の期待を担って始まった都心居住政策は、結果として都心部の不動産価格の上昇に拍車をかけたと言える。

だが、この都心部の持つ圧倒的な価値が、このまま圧倒的であり続けるためには、将来にわたっても「ひと」「もの」「かね」「情報」が集まり続けることが前提となる。社会における情報化は、インターネットの普及とともに大きく進展した。ネット社会の到来は、情報の共有範囲を拡大した。どこにいても平等に、同等の情報を享受できるようになったのだ。

この情報を運ぶネット網の広がりは、都心部に出向かなければ手に入らなかった「もの」の多くを、どこにいても気軽に手に入れられる環境を現実のものとした。「かね」は今や、「通貨」という物体から大きく逸脱して、ネット上の数値として世界中を駆け巡るものとなった。「ひと」についても、いつどこにいてもオンライン上で瞬時に世界中の人と会話ができるようになった。

「ひと」「もの」「かね」「情報」のすべてが集まる唯一無二の存在であった都心部の価値

は、こうした時代の変化のなかで、今後もその価値を保ち続けられるのであろうか。そこにしかない価値だったはずのものが、今やどこにでもある。今後も「都心部に住む」という欲望は残り続けるだろうが、冷静に時代の変化を見渡せば、従来手に入れるべきとされた住宅について、その資産価値を具備するための都心立地志向が大きく変わりゆくことは、これからの日本社会で着実に生じる変化ではないか。

田園調布は誰にとって住みやすいのか？

東京・大田区田園調布は、関西の芦屋と並んで、成功した富裕層の住む街として全国的に有名である。

この街の歴史は、２０２１年に放送されたＮＨＫ大河ドラマ『青天を衝け』の主人公にもなった渋沢栄一の時代にさかのぼる。１９１８年、渋沢栄一らの手によって田園都市株式会社が設立された。同社は、19世紀末にイギリスのエベネザー・ハワードが提唱した、都市と農村を融合した新しい形の都市「田園都市」を実現するため、その翌年に栄一の息子・秀雄らを欧州に派遣した。彼らは欧州11カ国を巡り、ロンドン郊外にある田園都市レッチワースを参考に、日本流にアレンジした新しい街をつくることを構想する。

田園都市株式会社は、現在の目黒区洗足、世田谷区大岡山および当時は調布と呼ばれていた多摩川台の開発に着手する。現在、「田園調布」を冠する街は、1丁目から5丁目と、田園調布本町、田園調布南および玉川田園調布があるが、田園都市株式会社が開発分譲したのが、2丁目の一部と3丁目、4丁目の一部、玉川田園調布の一部の約30万坪である。

1923年8月から分譲されたこの新しい街は、東京に通うエリートサラリーマンの街として脚光を浴びた。特に直後の同年9月に関東大震災が発生したことは、国分寺崖線による強固な地盤を持つこの住宅地の人気に拍車をかけた。また、1923年3月の東急目蒲線（現東急目黒線／多摩川線）の開通に続き、1927年8月には東急東横線の駅も完成し、東京へのアクセスも向上した。

この街は田園調布駅西側に、ゆったりとした道路が放射状に延び、その先にこれらをつなぐ同心円状の道路が連なる形で構成されている。敷地1区画を広く確保したうえで、広場や公園が設けられていて、道にはイチョウをはじめとした豊かな街路樹が並んでいる。

こうした綺麗な街並みに惹かれ、戦後には企業経営者や文化人、スポーツ選手などが次々と家を構えたことから、「人生の成功者が住む高級住宅街」として認識されるようになる。

2024年の公示地価では、この街の平均地価は坪あたり257万円だ。分譲当初はサラリーマン向けだったが、今この街において中古で売却される物件は、軒並み数億円から10億円ほどとなっている。これこそが都心部に不動産を持つ資産価値の代表的事例とも言えるが、現状はどうなのかと言えば、「高額すぎて売れない」ことが話題となっている。

この街には、田園調布の資産価値を維持するために、田園調布憲章という地区協定が存在する。この街のエリアの多くが第一種低層住居専用地域に指定されているだけでなく、土地の最低区画面積が165㎡（50坪）と定められているため、小規模に分割して販売することができない。たとえば300㎡（90坪）の土地を2人の子どもが相続しても、二つに均等に分割して、自分たちでそれぞれの土地に住むことはできないし、片方だけ売却することもできないのだ。

そのため土地部分だけでも販売価格が数億円になってしまい、流通市場での売却を難しくする事態を招いている。建物の高さ制限（9m）や生垣などの整備、緑化や既存樹木の保護など、田園都市を標榜するがゆえに整備した数々のルールも、不動産の流通を妨げるという皮肉な現象をもたらしている。

開発されてからやがて100年が経過する田園調布では、住民は高齢化し、相続が増えている。相続人は地価が高いために相続税が支払えない、税金を捻出しようにも相続した土地が売れない、という苦難を味わうにいたっている。

このようになってくると、「住む」という人間が持つ本来の欲望を叶えるはずの住宅が、その膨らみきった資産価値と、その価値を維持するために設けられた様々な制約によって苦しむという、まったく不合理な事態になっていることに気づく。

私の知人で最近、この街に家を構えた人がいるが、田園調布は住環境としては優れているものの、日々の生活を送るうえで、地域内のルールはかなり厳しいものがあると言う。新しく引っ越してきた人は町内会に気を遣い、町内会を支配する高齢富裕層の視線に常にさらされているそうだ。

こうした街は、現代において成功した富裕層には好まれない。起業などで成功したような若い人たちが好むのは、六本木や麻布十番、赤坂といった地だ。他人とは一定の距離を保ちながらも、仕事上の付き合いを深めることができるエリアを好むからだ。

その昔、「田園調布に家が建つ」という一世を風靡《ふうび》するギャグにもなったこの高級住宅地は、その資産価値を保とうとし、教条化したことによる高齢者支配によって、逆にその価値を貶《おとし》めることにつながっているとも言える。

自分にとっての一等地は他人と同じではない

田園調布が一等地であったとしても、その住宅でただ資産価値を守るためだけに窮屈な生活上のルールに縛られ、相続にあたっては相続人が多大な相続税を負担する、あるいは売却しようにも「高すぎて」売れない状況に陥っているのなら、理不尽としか言いようがない。

住宅はいったい誰のため、何のために存在するのだろうか。今一度、原点に立ち返って考えてみる必要がありそうだ。

あらためて住宅とは、「住むため」のハコである。住むに快適でなければ毎日の生活に支障が出るが、お金をかけて立派なハコを手に入れても、建物自体は経年劣化していく。住宅がいくら高級な仕様のものであっても、資産価値をいつまでも維持するのには限界がある。

資産価値という観点からすれば当然、住宅がどこに立地しているかということになる。では、世間でいう一等地は、本当に住みやすい街なのだろうか。田園調布だけでなく、歴史的にブランド立地と言われている街は数多くある。その地に住むことは、富裕層としての称号をつかむことにもなり、プライドをくすぐられる快感はあるだろう。住む街を探す際に、資産価値が高いか、今後アップすると見込める立地に限定し、その中の一員になろうとする人も多いのが現実である。

だが、人にはそれぞれの生き方がある。山の手が好きな人もいれば下町が好きな人もいる。山が好き、海が好き、町中が好き、田園が好き、様々である。それらは世間が決め打ちするブランド立地と一致するわけではなく、むしろおよそかけ離れたものだ。

もちろん住宅を購入する際に、その資産価値に注目するのも大事なことだが、最も重視しなければならない視点はたったひとつ、その地域に住むことで自分がどのような「効用価値」を得られるかだ。ここで言う効用とは、必ずしも金銭的に測ることができない満足感やプラウドだ。

「Well-Being」という言葉がよく聞かれるようになった。Well（＝良い）とBeing（＝状態）を合わせた言葉だが、たとえばタワマンに住むことが外面的には「良い状態」だとしても、そこに住む人々の内面が「良い状態」であるかは別だ。

タワマンそのものが素晴らしい建物であっても、そこに住む人たちがタワマンの立っている土地を愛しているとは限らない。建物内でのいざこざを含め、毎日緊張しながら暮らしていたのでは、内面的に良い状態を保つことは難しいだろう。そんな状態にあっても資産価値を第一条件に、自らが住む住宅を選択することには何やら人生の余裕のなさを感じる。

肝に銘じるべきは、自分にとっての一等地はなんであるかということをよく認識することだ。そのためには、自分は人生に何を望み、どんな生活を送っていきたいのか。その活躍の土台となるのが家であり、地域であると考えることだ。

会社に近い、子どもの学校や保育園に近いといったことも重要だろうが、自分が住む街や地域を理解し、コミュニティの一員として穏やかな気持ちで生活できる場こそが、その人にとっての一等地なのではないだろうか。

そうした意味で、まだ多くの日本人は自己をよく分析、認識できていないように映る。資産価値という幻想で自らが毎日を過ごす住宅を選択し、その後の値上がりを願い、値下がりを嘆くことに、いったいどれだけの人生の価値が見出せるというのだろうか。

他人がどのように思おうが、自分にとっての一等地であれば、それが最もWell-Beingな選択なのである。

活気のある街の条件とは？

街選びの参考として、長く不動産に関わってきた私が確信を持って言えることがひとつある。魅力的な街には必ず、「人の出入りが活発」という特徴があることだ。これは街に転入してくる人もいれば、転出する人もいる状態だ。この両者が適度にたくさん存在することは、街が成長していることを表している。このことから私は、「人の新陳代謝がある街は成長する」と定義づけている。

街に入ってくる人は住宅を探す。買う人もいれば借りる人もいるので、住宅の購入や賃貸が活発になる。一方で出ていく人がいれば、家を売る、貸し出す人がいることになる。売り手と買い手が常に活発に動いている状態、つまり不動産仲介がたくさん発生している状態になる。

新しく転入した人は、家具を買い、車や自転車をそろえる。街に出ていろいろなモノを買

図表12　2023年における転入超過数の上位20市町村

順位	市町村	2023年	2022年	順位	市町村	2023年	2022年
1（1）	東京都特別区	53899	21420	11(12)	相模原市	2321	3110
2（3）	大阪市	12966	9103	12(10)	船橋市	2318	3172
3（5）	横浜市	9731	8426	13(30)	川口市	2292	1364
4（4）	札幌市	8933	8913	14（7）	つくば市	2094	3818
5（6）	福岡市	8911	6031	15(15)	町田市	2023	2784
6（2）	さいたま市	7631	9282	16(27)	松戸市	1888	1545
7（17）	川崎市	5475	2209	17(31)	明石市	1785	1215
8（8）	千葉市	5088	3519	18(13)	仙台市	1659	2938
9（26）	茅ヶ崎市	2520	1560	19(11)	八王子市	1637	3161
10(25)	平塚市	2499	1567	20(14)	流山市	1627	2786

単位：人／（ ）内の数字は2022年の順位
出典：総務省統計局「住民基本台帳人口移動報告 2023年」をもとに作成

う。飲食店や物販店を物色してお気に入りの店を探す。受け入れる側から見ても、新しい人がたくさんやって来ることで常に客層が更新されるので、新しいモノ、流行りのモノを提供できる。商業が活発に動くので、それを見越して新しい営業者が街にやって来る。こうして経済の好循環が発生するのだ。

参考までに人の出入りが多い、新陳代謝が活発な都市を掲げてみよう。総務省統計局では毎年、人口の転入超過数（転入者数－転出者数）の多い上位20市町村を発表している。〈図表12〉

この調査によれば、コロナ禍の影響を脱して再び人口を集め始めた東京23区や大阪市、横浜市などといった大都市は別として、湘南エリアの茅ケ崎市、千葉県船橋市、埼玉県川口市、子育て政策で注目された兵庫県明石市などが人を集める街であることがわかる。２０２４年地価公示において、これらの街の住宅地価格は前年比で、茅ケ崎市で5・2%、船橋市で6・4%、川口市で5・3%、明石市で3・8%と、いずれも高い上昇率を示している。

こうした街が自分の人生のステージに合致しているのであれば、住宅を買うことに躊躇する必要はないだろう。やはり資産価値も気になるという向きにも、人の新陳代謝が継続する限りにおいて、その価値はある程度保たれると考えてよさそうだ。

「賃貸か？　持ち家か？」の発想から自由になろう

自分にとっての一等地で暮らすために、重要なのは住むスタイルにこだわらないことだ。よくメディアは「持ち家派VS賃貸派」という二者択一の論争を取り上げ、私も取材でコメントを求められることは多い。だが、私には両方の意見を対立構図にする意味がわからない。乱暴な言い方をご容赦いただくのならば、「どちらでも良い」というのが私の答えだ。

本書でも住宅を抱えるリスクについて紙幅を割いて伝えてきたが、住宅は「買うべき」というものではない。

かといって「借りるべき」と思っているわけでもない。住宅購入のリスクに警鐘を鳴らすので私はよく賃貸派の烙印《らくいん》を押されるが、賃貸にはいつでも居を移せる自由というメリットがある反面、ずっと家賃を払い続けることになり、家を持つ満足感は得られないし、代々受け継がれていく可能性が初めからゼロなのは事実だ。

持ち家か賃貸かという議論ではすぐにコスト計算が始まるが、結局どちらが良いかは、人それぞれの効用価値次第になるはずで、「どちらでも良い」としか言いようがない。

私が本当に大切だと思うのは、「一生の買い物として持ち家を手に入れる」とか、「生涯賃貸に住み続ける」といった硬直した二元論から離れ、ライフステージに応じて柔軟に「住まい」を考えていくことだ。

多額のローンを組んで、30年や35年もの期間、ひたすら返済し続けることは、多くの人にとって重荷だろう。買うときには気分が高揚して手に入れたマンションでも、やっとローンを返済し終えるころになれば、築年数が経ってかなり「くたびれた」マンションに対して、その間に老いた自身の姿が重なり、愕然《がくぜん》とするかもしれない。家を買うことを「一生に一度の大仕事」と考えるからそうなるのである。

家族の形態も30年のうちに変化していく。間取りの多い広い家に住んでも、子どもがいて家が賑やかなのはほんの十数年のことだ。子どもを保育園に預ける期間、地元の学校に歩いて通う期間、電車に乗って通学する期間、いずれも数年単位の人生におけるわずかなシーンにすぎない。

家庭生活だけでなく、仕事人生の舞台も移り変わる。社会人になる前に一生懸命に就職活動して選んだ会社であっても、会社自体に栄枯盛衰が起こるし、仕事への価値観にも変化が起こる。転職したい、起業したいなど、人の想いは変わるし複雑だ。そのとき、自分を縛るのが家であっては悲劇だ。住宅ローンのせいで身動きが取れなくなった、もし転職や起業すれば成功したであろう優秀なサラリーマンは多くいるはずだ。

だから「買ってはいけない」と言っているわけではなく、家の利便性や資産性といったソロバン勘定だけに重きを置き、住宅選びをすることが問題なのだ。団地やニュータウンの例からもわかるように、時代の流れは購入当時の煌《きら》びやかな風景をセピア色に変えてしまうのが得意だ。

人生には様々なステージがある。そのステージを過ごすのに最適な街に出会い、そこで適当な住宅が目の前に現れたのであれば、それを「買う」ことはとても素敵な選択だと言える。また次なるステージにさしかかったときに、新たな街でそのときの自分に一番似合った住宅に巡り合えたのならば、「買う」という選択肢はまったくもって合理的な判断だ。もちろん、この「買う」は「借りる」でもかまわない。

たとえば、子育て中や仕事が忙しく転勤もある時代には都心賃貸を選択する。定年後に夫婦だけになったとき、あるいはおひとり様になったときに、自分の故郷や、気に入った郊外、地方の街に小さな家を廉価で購入する。こうした柔軟な発想を持ってよいはずだ。あるいは私の周囲には、逆に持ち家を売却して借家で気楽に暮らしている人たちも何人かいる。「家を買う！」といって目を三角にして金利やローン減税などの特典を読み漁る前に、今一度、自分は何のために家を選ぶのか、その時点で最も合理的な選択をするべきだ。だからこそ、一生持ち続ける、借り続けるなどという二者択一に陥らないことは肝要なのだ。

意味のない「新築信仰」を捨てよう

今後、地方のみならず都市圏でも人口が減少していき、家余りの時代を迎える日本において、こうした住宅選びの選択肢は誰にでも広がっていくはずだ。その際には、無意味な「新築信仰」を捨てることも重要だろう。

高くなりすぎた新築物件の多くが、富裕層や国内外からの投資や節税手段としての購入で、デベロッパーもそうしたマンションしか供給していない。だから、一般庶民は新築には手が届かず、中古を買うしかなくなってしまう。こうした状況がすぐに変わることはないかもしれない。

だが、新築物件は価値が高く、中古物件は低いなどという理屈は今や都市伝説だ。市街地再開発などの手法を駆使して新たに土地を生み出さない限り、新築物件を建てるに適した土地を手に入れることができなくなっている。ところが、すでにある中古物件のなかには、エリアナンバーワンの好立地にある物件も多く存在する。

また、新築物件は誰も使っていないため、目に見えない瑕疵《かし》がある可能性がある。建物は竣工時から数年はいろいろな不具合が発生するのが常である。当初は想像もつかなかったような建物構造上の問題が発覚する。実際に横浜市のマンションで、杭《くい》が岩盤に届かず傾き、建替えになった事件が発生している。他にもコンクリートの乾燥が不十分で大量のカビが発生する、エレベーターの故障が頻発する、など多くの問題が出てくるのが新築物件だ。

新築であれば、取得して入居するにあたって隣人が誰であるかについても、まるでくじ引き状態だ。その点、中古であれば、事前に隣人におかしな人はいないか、管理組合は正常に機能しているか、管理費や修繕積立金の滞納状況はどうか、住民同士のトラブルはないか、など多くのポイントをチェックできる。

たとえ自分が住みたい街に新築物件が供給されていなくても、中古であれば自分で状況をチェックしたうえで、気に入った物件を指名買いできるのも魅力だ。

では、どのようにして中古物件を買うのかと言えば、中古不動産業者相手ということになる。不動産流通推進センターによれば、国内の不動産業者の数は2021年度で36万8552社。2021年における郵便局（約2万4300局）やコンビニ最大手の「セブン‐イレブン」（約2万1200店）の店数と比較しても、その数の多さに驚かされる。このうち三井や三菱系列といった大手業者は少なく、資本金で10億円以上の業者は全体の1%にも満たない。全体のおよそ7割が、資本金1000万円未満の小規模法人である。〈図表13〉
新築と同様に中古不動産を買い求める場合にも、どうしても大手で名前を知っているブランドを選択しがちになるが、中古不動産はいろいろなエリアに散らばっていることから、必ずしも全国チェーンの店が良いとは限らない。むしろエリアを知り尽くしている地場の不動産業者のほうが、相場にも詳しく、取り扱いも丁寧だったりする。
　ただ、これだけ数が多いということは玉石混交であることと同義だ。業者は常に一定の数の売り物件を抱えている。売り物件には当然、売主が存在する。売主と業者の間には売買に関する業務委託契約が存在し、一般媒介契約、専任媒介契約、専属専任媒介契約の三つがある。「一般」は売主が他の業者にも自由に委託できる契約であり、また直接買主と売買契約を取り交わすことが可能、つまり最も売主側に自由度がある契約だ。「専任」は業

図表13　2022年における資本金別不動産業者数の割合

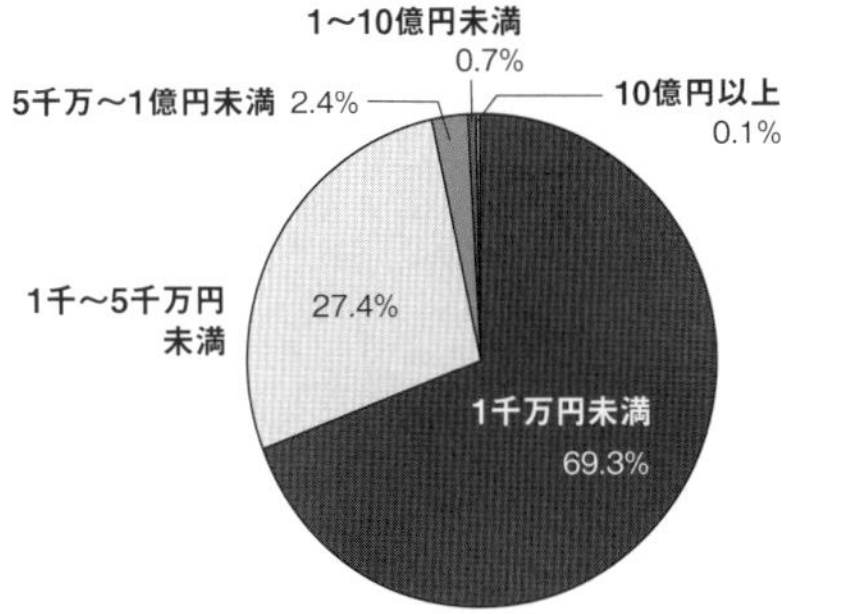

出典：不動産流通推進センター「2023 不動産業統計集」をもとに作成

者を1社に限定するもので、2週間に1回の状況報告が義務付けられている。こちらも売主が買主と直接契約することが可能である。「専属専任」は「専任」に加えて、報告義務が1週間に1回あり、売主は買主と直接取引ができず、必ず業者を媒介しなければならないなどのルールがある。

この3種類の契約形態ごとの特徴を見ると、業者にとって「専属専任」取引は売主が浮気する可能性はないものの、売主からのプレッシャーも強く、いい加減な取引ができないケースが多い。逆に、「一般」は他の業者も取り扱っているので、丁寧には扱わない傾向にある。つまり、「専属専任」を優先的に売り、「一般」はよければどうぞ、となりがちなのだ。

価格についても売主の意向が裏にあるので、売却希望価格が本当に相場なのか、売主からの要望なのか、判断がしづらい。担当者の言う「相場はこんなものですよ」というセリフの多くは、本物の相場というよりも担当者が売りたい価格（あるいは売主が希望している高値）にすぎないこともままある話だ。特に担当者が耳元でささやく「お買い得ですよ。こんな物件、二度と出ませんよ」「たくさんの人が検討しています。お買いになるなら、今でしょ！」という決め台詞の信用性はほとんどないといってよい。担当者が早くさばきたいだけのケースが多いからだ。

こうした業者選びの難しさが、これまで日本では欧米に比べて中古不動産市場が活発にならなかった一因としてあるだろう。へたに中古物件を買って騙《だま》されるのが嫌で、ちょっとお高くても新築物件を、と考えるのもうなずけるところはある。

とはいえ、本当に自分にあった良い物件に巡り合えるのも中古不動産である。エリアを熟知し、多くの物件を扱い、相場について精通している担当者であれば、お仕着せの新築物件を高い値段で買うよりもはるかに良いお買い物ができる可能性もある。

何もボロボロの家に住む必要はない。普通に住める空き家がますます増えていくなかで、新築にこだわらなければ、「自分が住みたい街に住む」ことは十分に現実的になっていくのである。

もし多拠点生活スタイルが浸透したら？

今後の住宅選びにおいては、郊外の環境の良いエリアに家を買いながら、通勤時間がかからない都心に部屋を借り、平日は都心賃貸で、休日は郊外持ち家で過ごすというのもありえる選択肢だ。家は一つでなければならないことはなく、スマートに二拠点居住を選択する人は増えている。

もちろん、まだまだ二拠点居住は一般的とは言えないが、こうした動きが日本の街や住宅にもたらしうる将来について、最後に考えていこう。

日本は国土が東西南北に長く、島国であるがゆえに、海岸線が3万4000㎞と非常に長い。山岳が多いため内陸交通は発達せず、外部からの侵入や行き来が制限されたために地方独特の文化が育ちやすかった。江戸幕藩体制においても、政治はその多くが藩に任され、地方独自の産業が育った。

同じ食材でも、地方によって調理法や食べ方が異なる。地方独自の食材の開発が行われるなど、現在日本を訪れる多くの外国人観光客が驚くのも、日本の地方の持つオリジナリティの豊かさであろう。

私は仕事柄、国内各所に赴くことも多いが、どの地方に出かけても駅や空港で見かける地方独自の土産品の多種多様さに驚かされる。外国でこれほどの種類の土産品に出くわすことは少ない。考えてもみれば、日本人は昔から大の旅行好き。江戸時代には、一般庶民であってもお伊勢参りに出かけるような国柄だ。自然とこうした土産物文化のようなものが醸成されたのだろう。

一方で、現代では地方を巡っていて、いささかがっかりすることも多い。たとえば地方都市の街道筋を車で走れば、日本全国どこでも似たようなチェーン店ばかりが軒を連ねている。仮にいくつかの違う都市の街道筋の写真を撮って並べてみたら、それがどの街の光景であるかを言い当てることはなかなかに困難なことだろう。

戦後、地方から東京、大阪などの大都市圏に大量の人々が流入し、地方は大都市圏への人材供給ポンプの役割を果たした。そこで多くの人材を失った地方都市が取った行動は、なるべく東京や大阪と同じような街になろうとするものだった。東京や大阪に普通にあるようなチェーン店を呼び寄せることで、「ニセ東京」や「なんちゃって大阪」を演じ、人口の流出を防ごうとしたのだ。

こうした施策で一部の地元民は満足したかもしれないが、大都市から旅行や仕事でやって来る人たちにとって、その光景は何の特徴もないつまらない街の演出にすぎず、地方の独自性はどんどん希薄化していった。

だが、2020年から約3年にわたって猛威を振るったコロナ禍は、これまでの大都市と地方の立ち位置を微妙に変える契機となった。地方には仕事がないから、仕事のある大都市に赴かなければならない、という価値観に風穴を開けたのだ。業種や職種によっては、大都市のオフィスに毎日通勤せずとも、通信機能を備えたパソコンさえあれば、仕事のほとんどが成立することが図らずも証明された。

コロナが落ち着きを見せると、昭和時代の臭いが残る経営者ほど、「災いが去ったのだから全員集合!」とばかりに都心のオフィスに従業員を戻そうと連呼しているが、リモートワークはその数こそ減ったものの、仕事のスタイルとして一定の定着を見せている。特にコスパ（コストパフォーマンス）やタイパ（タイムパフォーマンス）を重視するZ世代（1990年代半ば～2010年代前半に生まれた世代）が就職し始め、彼らが働き手の中心になるこれからの時代、毎朝毎夕の通勤という就業スタイルは変化していかざるをえないだろう。

通勤の必要性が薄れれば、ワーカーの居住範囲の自由化が進む。最初の動きとして顕著になったのが郊外への移住だ。週に2、3日通勤すれば、その他の日は自宅でリモートワークが可能になると、ワーカーの一部は住宅コストが高い都心を脱出した。郊外、それもこれまでは通勤時間が長く、毎日の通勤には適さなかったエリアでも、住宅を求めるようになった。海が好きな人、山が好きな人は、自分の好きな場所を仕事より優先順位を上げて選択することが可能になったのだ。

そうはいっても、都心は仕事をするところばかりではない。コンサートに出かける、映画館で映画を観る、みんなで集まって食事をする、お洒落をして買い物を楽しむ。いくらネット社会になったと言っても、人が集まる都心には魅力がたくさんある。仕事だって毎日通勤しなくて済んだとしても、完全に組織から自らを遮断できるわけでもない。都心にまったくアクセスができないのは寂しいことだ。

こうした思惑が自分の生活の本拠地と都心、2カ所に住宅を持つ二拠点居住という発想につながる。私自身、湘南エリアに本拠を構えて30年になるが、今では都心の賃貸マンションとの二拠点居住を実施して7年になる。都心で仕事があるときは都心で過ごし、そうでないときは湘南で海を眺めながら送る生活は快適度が高い。

逆に都心にマンションを所有していて、通勤の呪縛が薄れたことを契機に、地方都市にも第二拠点を持とうという動きも現れた。最近は地方都市にタワマンが多く建設されるようになったが、このマンションを買う顧客の一部に大都市圏のワーカーがいる。地方マンションは都心に比べて価格は安く、管理もしやすい。週末のみならずリモートワークもかねて、週の何日かをお気に入りの地方の街で過ごす。そこには投資的な意欲、マンション価格がさらに上昇するかもしれないという欲目もあるだろうが、実際に二拠点居住を選択する人は増えているのだ。

この流れはやがて、多拠点居住へとつながる。本拠地に加えて、第二、第三の拠点を全国に構えていくのだ。もちろん1軒ごとに購入していたのでは、いくらお金があっても足りないが、複数の人たちでシェアすれば夢は実現する。

毎月一定額の会費を支払うサブスクリプション形式で、会員が全国の家を利用できるサービスがコロナ禍以降花盛りだ。こうしたサービスは全国の空き家の再生、再活用にもつながり、会員も自身の都合に合わせて、好きなときに好きな場所で好きな仕事ができるという一石何鳥にもなる仕組みだ。

こうした多拠点居住スタイルが広まれば、地方都市が活性化することにもつながる。先述した「街の新陳代謝」が急速に進むからだ。住民票は持たずとも、多くの人が街にやって来て滞在し、お金を落とす。旅行とは異なり、その地に数週間、数カ月と過ごすようになれば、地元での人間関係が構築できる。時に地方の良さを発信したり、みんなが気づきもしなかったような文物に光を当てたりと、いろいろな作用が生じるはずだ。

その際には、東京の真似として存在したマクドナルドやスターバックス、チェーンのラーメン店なども活かされることになるかもしれない。観光でやって来た2、3日であれば見向きもしない都会の定番も、しばらく生活するに当たっては必要性があるからだ。

多拠点居住の普及は、われわれの住まいの選択肢を増やすだけでなく、地方における街の在り方を大きく変える可能性を持っている。

地域生活をエンジョイするプラットフォームの必要性

多拠点居住が可能となるような働き方の変化、あるいは時間に対する感覚の変化は、時代の進展とともにより顕著になっていくだろう。日本全国の空き家は約900万戸。そのなかで個人住宅の空き家は384万戸にもなるが、ボロボロでも、ゴミ屋敷でもない家はたくさん存在する。地方都市に残されたそうした空き家を活動拠点に多拠点生活を過ごすことは、

だが、このことだけをもって都心一極集中が緩和され、地方の時代がやって来るなどと簡単には思っていない。家さえあれば、人々は続々と多拠点生活を始め、地方と都会の間で人が行き交うようになり、新しい時代が始まるわけではない。多拠点居住には生活という概念があるからだ。

観光であれば、良い景色を楽しみ、美味しい食事に舌鼓《したつづみ》を打ち、温泉を堪能し、お土産を持って帰ればよいが、生活するという行為は観光とは異なる。

空き家を活用した多拠点生活の構想を、リタイアを目前にしたある大企業役員に話したときのことが忘れられない。

「とても良い構想だね。空き家を活用、その家で暮らせる。好きなときに使える。でも、その家でオレは何をすればよいの?」

多くの日本人は、地方に行くことが観光や癒しと完全にイコールになっている。つまり、地方に行って、数日ならまだしも、何日もいることは想像できないのだ。地方の側にも課題がある。空き家を用意して人を招く。そしてすぐに「移住しろ、定住しろ」と催促する。

いくらリモートワークができる時代になっても、多くの都会人にとって観光はともかく、生活するステージとして地方の街を理解しているわけではない。街に赴いたとしても、どこで誰とコンタクトできるかもわからない。そんな不安を抱えたままで、いくら数日、数週間過ごせるきれいにリフォームされた家が用意されていたとしても、そこに積極的に住むという理由にはならないのだ。そこで生活することに何らかの目的性がなければ、人は移住を選択したりはしない。

どこでも仕事ができる自由を手に入れた都会人たちを、どうやって地方に呼び込むかがこれからの地方都市にとっての大きな課題であり希望である。

そのための一つの方策として私が考えているのが、その街に興味を持ち、観光ではなくコミュニティの一員になろうと考えてもらえる第一歩を提供する地域生活プラットフォームの構築である。

まず都道府県ごとに数カ所の地域をピックアップする。それぞれの地域はなるべく地域色のある、特徴のあるところを選ぶ。それは温泉でも、歴史や文化でも、地場産業でもよい。その地域を語ることができるコンテンツを掲げ、そのコンテンツに沿って地域生活を楽しむことができるプラットフォームを構築するのだ。

たとえば、焼き物が売りの街であれば、陶芸に興味のある人たちを集める。そこでろくろを使わせて、いびつな湯飲み茶碗をつくるだけでは単なる観光で終わってしまうが、3カ月などで履修できる修業コースを設けたらどうであろうか。日々の仕事がある人には時間割に応じて履修内容を変えつつ、その修業のために空き家を整備して提供すれば、街に長期にわたって滞在してもらうことができる。

滞在期間中、生活のために履修者たちはその地にお金を落とすことになるし、もちろん講習代金も請求できる。履修後は何らかの証明書を発行し、東京での宣伝隊になってもらうなどのつながりを持たせる。あるいは、さらに腕を磨くために再び来てもらう。そうして街を理解し、愛着を持ち、宣伝してくれる人を増やすのだ。

相互の理解促進は必ずや新たな人の呼び込みにつながる。一回きりの観光をするだけでリピートしない相手に一喜一憂するのではなく、少数であっても深い関係を構築していくことで、やがて地域や街に対する理解の輪が広がるはずだ。

こうしたプラットフォームは、バーチャル上でも展開可能だ。都会人は忙しいので、いくら興味を持った街であっても、いつでも来られるわけではない。ならばリアルに加えてバーチャル上でも街を用意し、東京にいても常に自分の「推し」の街で遊べるようにするのだ。

陶芸で言えば、地域の各窯の勉強をしてもよいし、できた陶器を買ってもよい。何らかの街に役立つこと、たとえば街の情報をSNSにアップするなど、貢献に応じて地域コインをゲットできる仕組みも考えられる。そのコインには、リアルな街に出かけたときに、飲食や買い物で利用できるようにするといった特典をつける。

そしてリアルでの滞在日数が増えるにしたがって、さらにコインが増え、やがて準市民権、準住民票などをもらえるのもよいだろう。私は、こうした「推し」になってもらい、様々な「推し活」に参加してもらうようなプラットフォームの構築を考えている。

以前、GPSによる位置情報を用いたAR（拡張現実）ゲーム『ポケモンGO』がブームになった際、希少なモンスターが「○○駅前に出現する」と噂になるだけで、そこに大量の人が押し寄せた。これなどまさに、バーチャルを通じたコンテンツでリアルに人を集めることに成功した好例である。

住みたい街は住民の協創から生まれる

本当に住みたいと思う街とは何だろうか。

「資産価値が高い」という選択眼はなくすべし、というのも極論だが、金銭欲だけで毎日を過ごすのも疲れる話だ。また、摩天楼に住んでいるといったプライドも、しょせんはうすっぺらな自慢にすぎないように思う。

人はなぜ街に住むのか。

それはそこに人がいるからではないだろうか。自然を愛するといっても、無人島で天涯孤独に暮らしたいという人はほとんどいない。自分が暮らす街に、人がいて、モノがあり、サービスがある。そこに仕事があって日々の糧が得られる。街は人によって構成され、人が育んでいくものである。

毎春夏、全国高校野球大会（甲子園）が開催されると、自分たちの故郷、あるいは長く住んだことのある地域の代表校を応援する。その学校を卒業したわけでもないのに。

ビジネス上でも、相手方が同郷だとわかると途端に話が円滑に進みだす。同郷だからといって、相手の言っていることがすべて正しいわけでもないのに。

そして同じ学校や地域、街から有名人が輩出されようものなら、みんなで喜ぶ。日常では希薄な人間関係であったとしても、人は互いに何らかの共通項を求め合うものだ。

あるいは逆に、凄惨《せいさん》な殺人事件などが発生し、犯人が自分たちの街の出身だとわかると、街中の人たちが眉をひそめ、犯人のみならずその家族に対して「街の恥だ」と白い目を向ける。別に人は人、と思えば済む話で、無関係な者が世間さまに対して恥じらう、ましてや謝罪する必要など何もないのに。

これは良い例ではないが、恥部は街から排除しようという感情も、やはりコミュニティを愛するがゆえに生まれる発想のなせる業だ。

街はそこに住む人々、そこを訪れる人々との協創によって形作られている。協創とは何だろうか。

私は街に住む人々全員が認識し、これをともに育んでいこうとする対象を持っていること

――それが形のあるモノであってもよいし、精神であってもよい――にあり、その価値をさらに高めていこうと、みんなで考え実践していくことにあると考える。

三代続く街として湘南エリアを紹介したが、そこには「湘南の海」というコンテンツがある。海なんて島国の日本ではどこに行ってもある光景だ。でも「湘南の海」と言われると一定のイメージを多くの人々が思い浮かべるはずだ。

湘南はまず一日を通してとにかく明るい。これは地理的な位置によるものだ。湘南は南に相模湾を擁する。朝、三浦半島側から上った太陽は、夕方までどこにも遮られることなく海の上にある。日暮れどきには箱根の山々や伊豆半島あたりまで下ってきて、美しい夕陽となって沈む。つまり燦々《さんさん》と輝く太陽、という湘南の醸し出すイメージは、この土地ならではの鉄板のコンテンツなのだ。

海への接し方は人それぞれだ。ヨットやサーフィンに興じる人もいれば、最近はSUP(Stand Up Paddleboard)やカヌーなども盛んだ。浜や磯ではフィッシングを楽しむ人がいる。海と直接関わらなくとも、海岸沿いに車やバイクを走らせる人、ウォーキングやランニングをする人、ただぼぉーっと海を眺めて穏やかな気持ちに浸る人もいる。そうした人たちの緩いコミュニティが湘南の海を語る。

よくコミュニティというと、肩をいからせて互いの会話を求めたり、むりやりチームを組んで何か話をさせたりするが、本当のコミュニティというものは、なんやかんやと言わずとも、「うんうん、わかるよ」と互いが思う共通項があることなのではないだろうか。

ただ資産価値が上がりそうだから、通勤に便利なエリアだから、と街を選ぶのではなく、愛着が持てる街、コミュニティをともに築きたいと思える街を見つけ出し、自らにフィットした「住まい」を探して、豊かな「暮らし」を育んでいく人が増えることを願っている。

おわりに

私は30年以上、不動産の世界にどっぷり浸かって生きてきた。三井不動産という大手デベロッパーに在籍した16年間、私にとって不動産の企画業務というのは、土地面積×容積率というとても簡単な掛け算を行うことだった。

与えられた土地にどのくらいのボリュームの建物が建設できるかを知ることは、非常に重要だ。建築基準法に則って建物は建設されなければならず、そこで想定される延床面積以上の建物を計画することはできないからだ。

やがて経験を積むにつれ、土地を見ればおのずとそこでどの用途の建物をつくればよいのかがわかるようになった。都心一等地であればオフィスビル。住宅地であればマンション。湾岸部ならタワマン。ロードサイドなら商業施設。観光地やリゾート地ならホテル。高速道路インターチェンジ近辺なら物流施設。

果たして私は、実際に企画立案するときに、計画建物が建設される街について考えてきただろうか。オフィスやマンションは、最寄り駅から徒歩何分かが極めて重要で、なるべく駅の近くがよい。ロードサイド店舗なら、道路からの視認性は絶対だ。物流施設は、トラックが無理なく通れる道路幅員がポイントだ。それぞれ建物で働く人や住む人、買い物に来る人、荷物を運び込むトラック輸送車の都合だけを考えてきた。

一方で、それらが立つ街やエリアについて、深く考察はしてこなかったとの反省がある。オフィスビルでは、近辺にどんな飲食店があるかをマップに落とし込んで、テナント候補に配布したりしたが、せいぜいそんな程度だ。

需要は常に湯水のごとく湧いて出る。だから用地さえ押さえれば勝ったも同然。今の時代になっても多くのデベロッパー、不動産業者は、この発想をやめようとしない。その帰結として、街はどこを見ても同じような顔をした平板な風景となっている。

立面でとにかく高さだけを追い求める価値観。大手町ならオフィスビルにするのはあたりまえ。新しく開発される超高層ビルでは、どれも同じセールストークがなされる。

「このビルが完成することで東京の国際競争力がアップします」

開発業者は国際競争力とは何か、ということをまるで理解していない。羽田空港に近ければ国際的なのか。大きなビルを用意すれば国際競争に打ち勝つことができるのか。国際交流拠点として、世界中から人がビルに集まるかのような幻想を抱いているのではないか。

そろそろ気づいたほうがよい。彼らがこれまで手掛けてきたオフィスビル群では、いまだに国際競争力が強化されたという実績はない。タワマンに住むことがステータスであることがいつまで続くのか。昭和の公団団地はエリートサラリーマンの憧れの住宅だったのだ。

先日、晴海フラッグの取材を受け、テレビクルーと一緒に現地に赴いた際に、懐かしい思い出が胸をよぎった。私は東京・築地にある明石町育ち。子どものころ、同じ小学校の友達が晴海にたくさんいて、そのうちの何人かは晴海の団地に住んでいた。当時の晴海団地高層アパートは、小学生だった私から見ても近未来を予感させるわくわくしたものがあった。住んでいる友達にとっても、当時の最新鋭高層団地には何か誇らしい気持ちがあったことだろう。私は何度も12階にある彼の家に遊びに行ったが、東京湾が広がる見晴らしは別世界だった。その建物はもう跡形もない。

街は変わる。そしてそこに住む人、働く人も時代の進展とともに変わっていく。変わった先にある街が、新たな未来を奏でるようになるにはどうすればよいのか。

悲観することはない。地価（地域価値）を上げる方法はいくらでもあるのだから。

著者略歴

東京大学経済学部卒業。ボストンコンサルティンググループ、三井不動産などを経て、日本コマーシャル投資法人執行役員としてＪ－ＲＥＩＴ（不動産投資信託）市場上場を経験後、２００９年に独立。現在はオラガ総研代表取締役として不動産プロデュース事業を展開するほか、全国渡り鳥生活倶楽部を設立し、代表取締役を兼務。著書に『負動産地獄』（文春新書）、『不動産の未来』（朝日新書）、『なぜマンションは高騰しているのか』（祥伝社新書）など多数。

ハヤカワ新書 037

家《いえ》が買《か》えない

高額化する住まい 商品化する暮らし

二〇二四年十二月二十日 初版印刷

二〇二四年十二月二十五日 初版発行

著 者 牧《まき》野《の》知《とも》弘《ひろ》

発行者 早川 浩

印刷所 株式会社精興社

製本所 株式会社フォーネット社

発行所 株式会社 早川書房

東京都千代田区神田多町二ノ二

電話 〇三‐三二五二‐三一一一

振替 〇〇一六〇‐三‐四七七九九

https://www.hayakawa-online.co.jp

ISBN978-4-15-340037-5 C0233

Printed and bound in Japan

定価はカバーに表示してあります

乱丁・落丁本は小社制作部宛お送り下さい。
送料小社負担にてお取りかえいたします。

未知への扉をひらく

「ハヤカワ新書」創刊のことば

誰しも、多かれ少なかれ好奇心と疑心を持っている。

そして、その先に在る納得が行く答えを見つけようとするのも人間の常である。それには書物を繙いて確かめるのが堅実といえよう。インターネットが普及して久しいが、紙に印字された言葉の持つ深遠さは私たちの頭脳を活性して、かつ気持ちに余裕を持たせてくれる。

「ハヤカワ新書」は、切れ味鋭い執筆者が政治、経済、教育、医学、芸術、歴史をはじめとする各分野の森羅万象を的確に捉え、生きた知識をより豊かにする読み物である。

早川　浩